Wie damals: Sommergewitter bei Stotternheim.

Der Lutherstein steht in der Nähe von Stotternheim.

In Mansfeld steht das Elternhaus von Martin Luther.

An die Tür der Wittenberger Schlosskirche schlug Luther seine Thesen.

Auf den Höhen um Bad Frankenhausen wartet
das beeindruckende Panorama-Museum.

Die Augustusburg beherbergt heute ein tolles Motorradmuseum.

Das Hauptgebäude des alten MZ-Werkes in Zschopau existiert noch.

Das neue MZ-Werk wurde in Hohndorf errichtet.

Tölpel entspannt sich vor dem Zwickauer Dom.

Die Naturrennstrecke Schleizer Dreieck
ist überwiegend frei befahrbar.

Reparatur der MZ auf der schiefen Ebene im Hof des Pastorats in Schleiz.

Alter Grenzübergang zwischen Thüringen und Bayern, der früher die DDR von der BRD trennte.

Hier waren Deutschland und Europa bis zum 25. November 1989 um 18 Uhr geteilt.

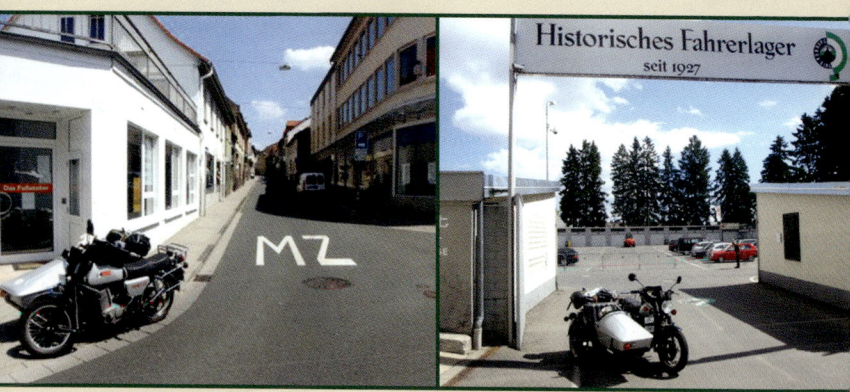

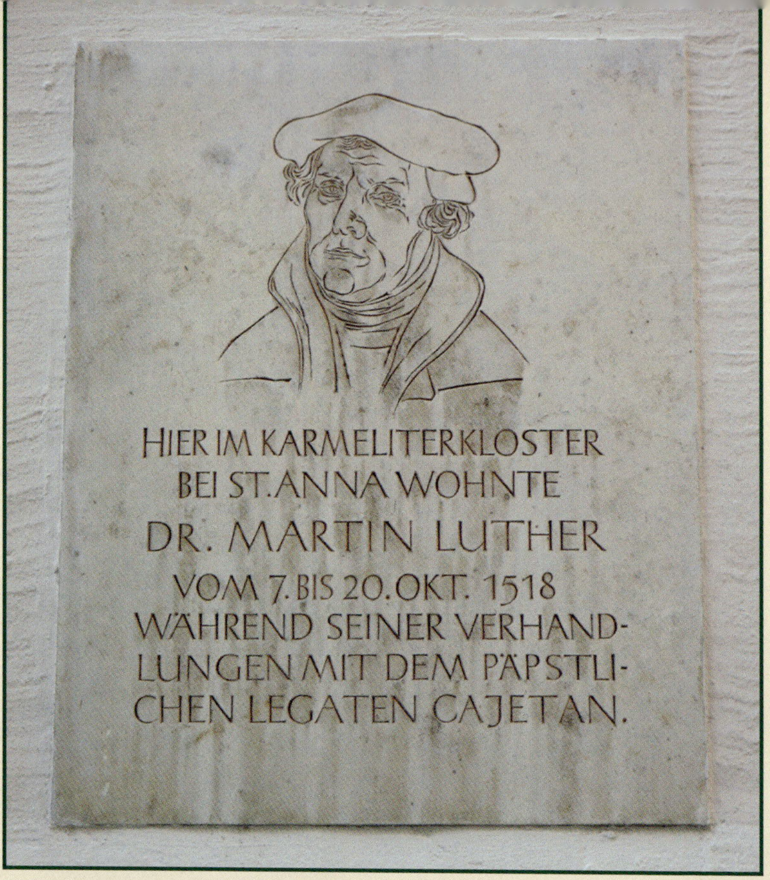
HIER IM KARMELITERKLOSTER
BEI ST. ANNA WOHNTE
DR. MARTIN LUTHER
VOM 7. BIS 20. OKT. 1518
WÄHREND SEINER VERHAND-
LUNGEN MIT DEM PÄPSTLI-
CHEN LEGATEN CAJETAN.

In Augsburg musste sich Luther einem katholischen Verhör unterziehen.

MZ

Auch in Mainz wohnen MZ-Fans.

Historisches Fahrerlager
seit 1927

Besuch im historischen Fahrerlager des Nürburgrings.

Auf dem Schottenring finden immer noch Oldtimer-Rennen statt.

Die Wasserkuppe
ist der höchste
Berg der Rhön.

Ein Gedenkstein erinnert an die Entführung Luthers durch Friedrich den Weisen.

Auf der Wartburg in Eisenach übersetzte Luther die Bibel.

Durch das alte Fabriktor der EMW-Werke in Eisenach geht es zum neuen Museum.

Holger Janke

Luther-Tour

Eine Motorradreise
auf den Spuren Martin Luthers

Versicherer im
Raum der Kirchen
Die Akademie
Eine Einrichtung der Bruderhilfe · Pax · Familienfürsorge

Fotos Titel:
Oben links: Der Autor und seine Hündin Tölpel
Oben rechts: Martin Luther
Unten: Reformations-Denkmal in Worms

1. Auflage 2016

© 2016 by Highlights-Verlag, Euskirchen

Fotos: © Holger Janke
Lektorat und Korrektorat: Martin Schempp, Sylva Harasim
Satz und Gestaltung: Claudia Renierkens
Druck und Bindung: CPI - Ebner & Spiegel, Ulm

Print-ISBN: 978-3-933385-84-0
eBook-ISBN: 978-3-945784-12-9

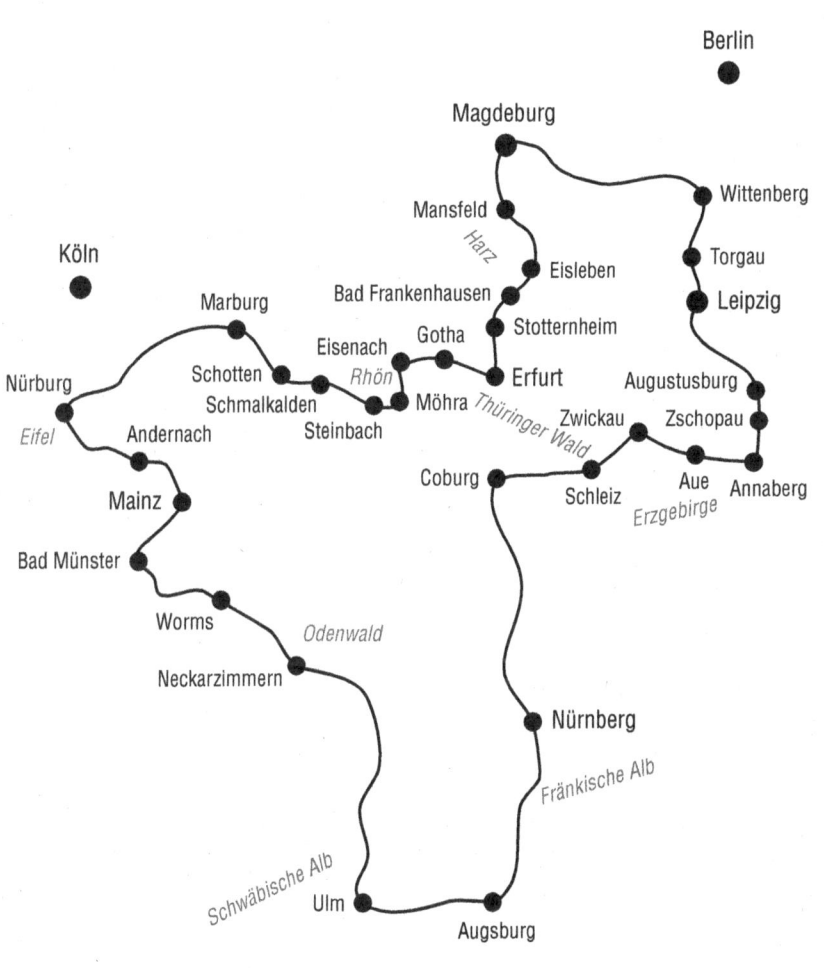

Hamburg

Berlin

Magdeburg

Mansfeld

Wittenberg

Köln

Harz

Eisleben

Torgau

Marburg

Bad Frankenhausen

Leipzig

Eisenach

Gotha

Stotternheim

Nürburg

Schotten

Rhön

Erfurt

Augustusburg

Eifel

Schmalkalden

Möhra

Zwickau

Zschopau

Andernach

Steinbach

Thüringer Wald

Mainz

Coburg

Schleiz

Aue

Annaberg

Bad Münster

Erzgebirge

Worms

Odenwald

Neckarzimmern

Nürnberg

Fränkische Alb

Schwäbische Alb

Ulm

Augsburg

München

Inhalt

1. Stotternheim: Das Donnerwetter 8

2. Bad Frankenhausen: Der Kampf um die Freiheit 13

3. Eisleben: Das lutherische Bethlehem 17

4. Mansfeld: Das Müll-Museum 21

5. Magdeburg: Eine leere Kirche 28

6. Wittenberg: Luthers Jerusalem 34

7. Torgau: Unfall mit Todesfolge 42

8. Leipzig: Eine Messestadt, die ansteckt 44

9. Augustusburg: Motorräder satt 47

10. Zschopau: Tradition und Fortschritt 50

11. Annaberg: Eins und eins macht zwei 55

12. Aue: Die Gedanken sind frei 59

13. Zwickau: Die schwärmerische Autostadt 63

14. Schleiz: Das weltberühmte Dreieck 68

15. Coburg: Ein Veste Burg ist unser Gott 73

16. Nürnberg: Alles hat seine Zeit 77

17. Augsburg: Geld regiert die Welt? 84

18. Ulm: Die haben einen Vogel 93

19. Neckarzimmern: Ein ritterlicher Alterswohnsitz 100

20. Worms: Gut sein, wenn's drauf ankommt 110

21. Bad Münster: Herberge der Gerechtigkeit 119

22. Mainz:	Die Reformation macht Druck	122
23. Andernach:	Luther der Biker	127
24. Nürburg:	Die grüne Hölle	130
25. Marburg:	Sein oder Schein, das ist hier die Frage?	136
26. Schotten:	Toleranz und Weitsicht	140
27. Schmalkalden:	Die moderne Internationale	145
28. Steinbach:	Ein stilles Örtchen inmitten des Waldes	149
29. Möhra:	Die schmerzhafte Geburt des ICHs	155
30. Eisenach:	Die Wartburg	159
31. Gotha:	Die mit dem Amtsschimmel	165
32. Erfurt:	Alte Uni-Stadt mit jungen Leuten	172
33. Stotternheim:	Mut zur Freiheit	175

Information: Martin Luther	177
Information: Hans Eberspächer	179
Das Spendenprojekt dieses Buches	181
Danksagung	182
Nachwort	184
Der Autor	186

1. STOTTERNHEIM:

Das Donnerwetter

Freiheit. Endlich Freiheit. Kein Telefon, keine To-Do-Liste, kein Chef. Ich sitze allein auf dem Motorrad und genieße die frühe Sonne, die lichtverspielte Allee und den frischen Wind. Endlich Freiheit. Durchatmen. Mal wieder etwas Neues wagen. Nicht immer dieselben Strecken fahren. Der Tag darf sich frei entfalten. Auch ich entfalte mich, lasse die Räder richtig rollen. Hurra, ich bin frei!

Würde meine Frau jetzt diese Ode an die Freiheit hören, würde sie lachen, denn wir haben verabredet, dass ich drei Wochen auf Tour gehe. Drei Wochen frei, der Gedanke ist fantastisch. Sie versorgt Haus und Hof, ich versorge mich; fahre endlich einmal wieder tage-, nein: wochenlang Motorrad und weiß gar nicht, wie weit ich kommen werde. Denn ich bin frei. Meine Idee ist eine Deutschlandtour. Mal nicht die Alpen oder Pyrenäen, nicht Schweden oder Italien, nicht Autozug oder Autobahn, sondern nur kleine schnuckelige Sträßchen, die ich noch nicht kenne. Die Freiheit beginnt sofort.

Als Orientierung wähle ich die Spuren Martin Luthers, der in Deutschland viel herumkam und dessen Wege durch das ganze Land führten. Außerdem glaube ich, dass der berühmte Reformator Motorrad gefahren wäre, wenn er gekonnt hätte, denn auch ihm war die Freiheit extrem wichtig. Sie fordert Mut und Mobilität. Zwei Werte, die jeder Motorradfahrer kennt. Wie im alltäglichen Leben muss man auch beim Motorradfahren aufbrechen und losfahren, den frischen Wind der Veränderung spüren.

Meine erste Station heißt Stotternheim in Thüringen, mitten in Deutschland. Gefühlte Stunden irre ich bereits bei Affenhitze umher, kein Hinweis schenkt mir eine Eingebung. Eine junge Frau schlendert mir auf dem Bürgersteig entgegen, ich fahre rechts ran und frage: „Können Sie mir den Weg zur Stelle in Stotternheim nennen, an dem damals der Student Luther sein Donnerwetter erlebte?"

Dieses gut gewachsene Fräulein dürfte die These eines Biker-Freundes bestätigen, dass die Frauen im Osten attraktiver sind als die aus dem Westen. Nur spricht sie nicht. Ich bin verunsichert, stelle den Motor der MZ ab, öffne den Klapphelm und wiederhole freundlich meine Frage. „Nö", kommt als Antwort aus dem rot linierten Schmollmund. Dann schlendert sie lässig und sommerlich leichtbekleidet weiter. Da soll noch einer sagen, wir Norddeutschen seien wortkarg.

Also weitersuchen. Irgendwann erkenne ich in der Ferne eine Hütte, eine Steinsäule und eine Schautafel – das könnte der gesuchte Ort sein. Jetzt aber Gas, denn in meinem Rücken hat sich in den letzten Minuten unbemerkt eine schwarze Wolkenfront angeschlichen. Ich lasse den 24 PS der MZ freien Lauf und komme mit blockierenden Rädern ein paar Meter vor der Hütte zum Stehen. Keine Minute zu spät. Tölpel ist schon aus dem Beiwagen gehüpft, wir sprinten hinüber zur Hütte, und dann öffnet der Himmel seine Schleusen. Es gießt in Strömen, Donner rollen über uns hinweg, Blitze zucken vom Himmel.

Ich kann mir gut vorstellen, wie sich Martin Luther am 2. Juli 1505 fühlte. Denn der große Reformator war damals noch ein kleiner Student der Rechtswissenschaften in Erfurt und zu Fuß auf dem Weg zur Universität. Genau hier an dieser Stelle, auf dieser damals kahlen, baumlosen Wiese westlich des thüringischen Dorfes Stotternheim, erwischte ihn ein gewaltiges Sommergewitter wie dieses. Es muss so schlimm gewesen sein, dass Luther um sein Leben fürchtete, als er sich mangels Schutz flach auf den Boden warf, in Todesangst Hände und Füße in die Erde krallte und schrie und flehte. Dieses Ereignis, diese unvorstellbare Kraft der Natur, diese Macht Gottes, hinterließ bei ihm einen solch tiefen Eindruck, dass er noch im Dreck liegend rief: „Hilf du, Sankt Anna! Ich will ein Mönch werden!" Konsequent setzte er danach sein Vorhaben in die Tat um, ließ die Rechtswissenschaften sausen und stürzte sich stattdessen in die Theologie.

Wie zugedreht reißt das Sommergewitter auf einmal ab, der Sturm fällt in sich zusammen und die Sonne bricht durch die schwarzen Wolkenmassen, die es für heute gut sein lassen und abziehen. Das Gewitter schickt mir noch ein paar grollende, immer leiser werdende Donner hinterher, dann herrscht Stille. Tölpel springt schwanzwedelnd vor die Hütte und macht vor Freude ein paar Riesensätze. Ich wringe meinen Schal aus und blinzle in die Sonne – hier begann also die Geschichte der Reformation.

Vor der Hütte stehen Bäume, Bänke und der Lutherstein, der an Luthers Donnerwetter an dieser Stelle erinnert. Eine Informationstafel beschreibt die Zusammenhänge und den Weg, den der junge Student damals eingeschlagen hatte. Ein gemütlicher Ort. Wohl auch Treffpunkt ortsansässiger Senioren, denn eine plauschende Männerrunde auf Fahrrädern nähert sich und stellt ihre Fahrzeuge an der Hütte ab. Sofort kommen wir ins Gespräch, fachmännisch wird mein MZ-Gespann begutachtet. Alte Zeiten flackern auf, alte Geschichten werden erzählt. Ich erfahre, wie zur Zeiten der Deutschen Demokratischen Republik alles im Alltag mit dem Zwei- oder Dreirad erledigt wurde. Auch im Winter. Wie sie getüftelt und gebastelt haben an den Maschinen und an der Kleidung. Eine andere Zeit. Früher eben. Schnell vergeht plaudernd eine halbe Stunde. DDR live, obwohl es sie gar nicht mehr gibt. Dafür gibt es jetzt große Kieskuhlen und eine Mülldeponie in der Umgebung. Auch ein Tierheim und der Tierfriedhof liegen unmittelbar in der Nachbarschaft. Stotternheim gehört mittlerweile zu Erfurt. Dorthin war Luther damals unterwegs, denn er studierte auf Wunsch seines Vaters Jura. Er kam gerade von seinen Eltern aus Mansfeld, die dort in der Nachbarschaft von Martins Geburtsort Eisleben wohnten und arbeiteten, weil der Vater, Hans Luder, eine Kupfermine gepachtet hatte. Der bescheidene familiäre Wohlstand, der durch den Bergbau entstand, wurde in die Bildung des ältesten Sohnes, Martin, investiert. Er sollte es einmal besser haben.

Nahe des Luthersteins wühlen sich schwere Lastwagen durch die Erde in Richtung Mülldeponie und Kieskuhlen. Schnell hat die Sommerhitze den feuchten Boden wieder getrocknet, die Lastwagen wirbeln ordentlich Staub auf. Ich stelle meine Textilkombi auf maximale Belüftung und bin froh, nicht in alter DDR-Motorradbekleidung aus Plasten und Elasten fahren zu müssen. Sonst wäre ich wohl heute wie Luther damals zum kühlen Klosterleben konvertiert.

So fahre ich neugierig weiter, um mir weitere Stationen des großen Reformators Luther anzusehen. Gleich in Stotternheim entdecke ich auf der Hauptstraße ein nettes Café. Da ich angesichts der Temperaturen durstig und aufgrund der historischen Bedeutung des Ortes noch ganz überwältigt bin, nehme ich eine kurze Pause. Der Name des Cafés lautet Schneemilch und klingt vielversprechend erfrischend, sein Flair erinnert mich ein wenig an früher. Tölpel, meine Hündin, die mich auf dieser Reise nach Lutherland begleitet, freut sich nach der vielen Natur am Lutherstein über das gereichte frische Wasser. Ich freue mich über einen Kaffee und einen Becher leckeres Eis – artgerechte Haltung für beide.

Tölpel trägt den Namen des Hundes von Doktor Martin Luther. In den „Tischreden" erwähnte damals der Hausherr öfter seinen Hund Tölpel. In einer Touristinformation kaufte ich als junger Pfarrer einmal ein kleines Heft, das die Reformationsgeschichte aus der Perspektive des Hundes Luthers zeigte. Begeistert von der tierischen Darstellung und ausgestattet mit lutherischem Selbstbewusstsein, nahm ich mir vor, falls ich jemals einen Hund bekäme, sollte der Tölpel heißen. Der Name war also vor dem Hund da. So taufte ich später meine kleine Hündin ebenfalls Tölpel. Sie nimmt es ganz gelassen und trägt den geschichtsträchtigen Namen ohne Hochmut. Ein echter Pastorenhund.

2. BAD FRANKENHAUSEN:

Der Kampf um die Freiheit

Auf dem Weg gen Norden fahren wir nicht direkt zur Lutherstadt Eisleben, sondern wählen als nächsten Haltepunkt Bad
Frankenhausen. Wer etwas unbedacht nur Frankenhausen in das
Navigationsgerät eintippt, wird sich wundern, wie weit der Umweg ist, denn er landet bei Darmstadt. Dieses Frankenhausen hat
nichts mit Luther und der Reformation zu tun. Tja, so bequem
Navigationsgeräte sind, man muss lernen, sie zu benutzen. Ich
bin jedenfalls froh über die Karten, die ich dabeihabe. Zusammen fährt es sich prima. Wer hätte allerdings früher gedacht,
dass es jemals MZ-Motorräder aus der DDR mit satellitenge-
steuerten Navigationssystemen geben würde?

Bad Frankenhausen liegt südlich des Harzes. Der Weg von
Stotternheim führt nordwärts durch das Thüringer Becken. Die
wunderbare Landschaft als auch der Ort Sömmerda erinnern
mich ein wenig an Skandinavien. Wir gleiten durch die Natur
und langsam kommt Urlaubsstimmung auf. Besonders beeindruckend ist der Abschnitt zwischen Gorsleben und Sachsen-
burg. Eine interessante Mischung aus wunderschöner Landschaft,
liebevollen Bauwerken und leichten Hügeln. Deutschland ist
schön, reizvoll und gewiss eine Reise wert.

Als wir Bad Frankenhausen aus südlicher Richtung ansteu-
ern, entdecken wir schon oben auf dem Berg ein großes auffäl-
liges Gebäude. Das ist unser Ziel: Das Panorama-Museum. Die
kleine MZ ackert sich mühsam bergauf. Dreizehn Prozent Steigung mahnt ein Hinweisschild, aber das Produkt aus dem Volks-
eigenen Betrieb lässt nicht locker. Im zweiten Gang bei 5.000

Umdrehungen transportiert der Kolben von der Größe eines Wasserglases das Gespann samt Gepäck, Mann und Hund zum Gipfel des Berges. Oben angekommen, ortet das Navigationsgerät die Position mit N51°22'04.5", O11°06'22.4", Höhe 254 m. Der Motor verschnauft und versucht, bei dieser Sommerhitze wieder einen kühlen Kopf zu bekommen. Ich lege den Helm samt Jacke ab und meinen Körper lang ins Gras. Atme tief durch und genieße den Ort und die Situation. Tölpel schnuppert erst einmal über das riesige grüne Gelände. Ich genieße den wunderbaren Rundumblick und höre diverse Vögel voller Sommerlaune laut und fröhlich zwitschern. Hinter mir tickt der Motor der MZ und entspannt sich hörbar. Eine tolle Atmosphäre. Deshalb fahre ich Motorrad.

Übringens: Meine Unterlippe ist ganz locker. Ist doch komisch, dass mir das jetzt gerade auffällt? Die lockere Unterlippe ist das Credo von Hans Eberspächer. Der Professor der Sportpsychologie verdeutlicht damit die Bedeutung von Entspanntheit für körperliche und geistige Höchstleistung. Zum Beispiel bei Motorrad-Fahrtrainings. Immer wieder habe ich dort seine kurzweiligen, humorigen und spannenden Vorträge gehört. Anwenden lassen sich seine Tipps überall, bevor man aufs Motorrad steigt, ob auf der Rennstrecke oder im Alltag. Dann heißt es: an nichts denken, Gehirn frei machen, Unterlippe locker hängen lassen. Danach ist man hundertprozentig aufs Fahren konzentriert. So einfach.

Und nun liege ich im Gras und lache entspannt. Alles ganz locker. Ein wunderbarer Zustand.

Hier oben auf dem Berg lässt sich gut Pause machen, besonders mit Hund. Diverse Wanderwege kreuzen, überall finden sich große oder kleine Stöckchen, kein Verkehr, ein sensationeller Ausblick lockt die Sinne. Picknickatmosphäre.

Das Panorama-Museum gilt als das letzte vollendete DDR-Kunstbauwerk und birgt das größte Panoramabild der Welt. Der bekannte Leipziger Maler Werner Tüpke stellte das Gemälde Ende 1987 fertig. Das Museum wurde im September 1989, also noch vor dem Mauerfall eröffnet. Vielleicht war das der reformatorische Impuls für die Wende? Immerhin geht es in diesem Museum um die Freiheit. Um den Kampf des Volkes. Das Ideal „Wir sind das Volk" vertrat die hiesige Bevölkerung eindeutig schon im Mittelalter. Doch wurde der Aufstand damals von den regierenden Fürsten blutig niedergeschlagen.

Es ist ein echtes Aha-Erlebnis, wenn man die dunkle Halle betritt und das Rundgemälde einen förmlich ummantelt. Zuerst orientierungslos und fasziniert vom handwerklichen Können, erschließt sich die historische Bedeutung beim Gebrauch des gereichten Kopfhörers, der die einzelnen Szenarien beschreibt und erklärt. Jetzt wird nicht nur die DDR von früher, sondern auch die Zeit der Reformation lebendig. Davon und vom Bauernkrieg erzählt das beeindruckende Panoramagemälde. Selbstverständlich dargestellt aus dem Blickwinkel des Arbeiter- und Bauernstaates. Nach dessen Ansicht war Luther durch das Vermögen des Vaters und durch den Kontakt zu den Fürsten zur verhassten Bourgeoisie aufgestiegen. Deshalb bezeichnete die DDR Thomas Müntzer als die tragische Hauptfigur der Reformation.

Dieser Thomas Müntzer wurde als einer der Führer des Bauernkrieges festgenommen und kurz darauf brutal hingerichtet. Viele Bauern hatten schon vor ihm im wahrsten Sinne des Wortes den Kopf verloren. Martin Luther war interessanterweise gegen diesen Aufstand der Bauern. Obwohl Thomas Müntzer Zeit- und Weggenosse des Reformators war, wetterte Luther in seinem sprachgewandten Zorn gegen diese Revolution des

Proletariats. Thomas Müntzer wollte schnellstmögliche soziale Veränderungen für das Volk, Martin Luther hingegen sah die gesamte weltliche Entwicklung aller mittelalterlichen Stände als heilsgeschichtlichen Prozess. Müntzer wollte Revolution, Luther Reformation. Für Martin Luther brauchte es Zeit, Thomas Müntzer wollte keine verschenken.

Der Bauernkrieg von 1525 war deshalb eine große reformatorische Krise. Martin Luther hatte sich damals gegen die politische Revolution, gegen alte Weggenossen und gegen die aufbegehrenden Bauern entschieden. Das wurde Luther von vielen nie verziehen. Der Wittenberger Reformator sah aber die politische Führung beziehungsweise die mittelalterliche Ständeordnung als von Gott gegeben an. Zu streiten war erlaubt, aber nur mit dem Schwert des Wortes. „Je größer die Gewalt, umso größer das Unglück", sagte Luther damals. Er sollte leider Recht behalten.

3. EISLEBEN:

Das lutherische Bethlehem

Normalerweise führt der Weg von Bad Frankenhausen ostwärts über Artern nach Eisleben. Aber was ist schon normal? Gerade wenn im Norden der Kyffhäuser lauert? Eine Serpentinenstrecke par excellence mit über 30 Kehren erwartet mich. Für ein Nordlicht sind das die kleinen Alpen. Entsprechend warnen diverse Schilder vor Schleuder- beziehungsweise Unfallgefahr. Am Fuß des Gebirges sammeln sich die ortsansässigen Motorradfahrer auf einem Schotterplatz, um die Strecke zu besprechen und um den Wohnmobilisten Vorsprung zu gewähren. Denn nichts ist nerviger, als auf einer Traumstrecke auf einmal ein kriechendes Wohnzimmer mit 20 km/h vor sich zu haben und nicht überholen zu dürfen. Also wird so lange unten am Berg geduldig gewartet, am besten mit lockerer Unterlippe, bis der Seniorencontainer lange außer Sichtweite ist, um dann, bevor eine neue Blockade auf vier Rädern heranrollt, fröhlich durchzustarten. So kann der tiefenentspannte Biker ohne Hindernisse und straßenverkehrsordnungskonform die vielen Kurven genießen. Das macht große Freude!

Oben auf den Höhen biegen Tölpel und ich ab und kehren für ein kleines Päuschen in einem Wirtshaus ein. Der Kopf der MZ ist schon wieder knalleheiß und die Aussicht hinreißend. Auch Tölpel ist begeistert. Es gibt ein Kyffhäuser-Denkmal zu erkunden und ein schönes Ausflugslokal mit toller Terrasse, an die der Motorradfahrer direkt heranfahren kann (einfach den Weg bis zum Ende durchfahren). Nicht weil wir faul sind, sondern weil der Marsch mit schweren Bikerklamotten anstrengend und das Gepäck auf dem Motorrad diebstahlgefährdet ist, da ich es nicht abschließen kann.

Obwohl der traumhafte Harz nun nördlich unmittelbar vor uns liegt, lassen wir uns nicht verführen, dorthin zu fahren, sondern halten Luther die Treue. Wir biegen mit unserem knatternden Gespann ostwärts nach Eisleben ab und hinterlassen in der Region eine leichte blaue Fahne. Es lebe der Zweitaktmotor. Was früher normal erschien, ist heute allerdings die Ausnahme geworden.

Eisleben empfängt uns als ein kleines gemütliches Städtchen, das mit dem Zusatz auf dem Ortsschild wirbt: Lutherstadt. Aha. Hier stehen das Geburtshaus und das Sterbehaus Luthers. Im Mittelalter war es eigentlich nichts Ungewöhnliches, dass Geburts- und Sterbeort gleich lauteten. Der mittelalterliche Mensch war eben nicht so mobil wie wir heute, sondern lebte ortsgebunden. Aber Luther lebte auch was die Mobilität betrifft anders: Er war außerordentlich viel unterwegs, was sich auf dieser Reise noch zeigen wird, und wohnte die letzten 30 Jahre im über 100 Kilometer entfernten Wittenberg. Trotzdem ist sein Ableben in Eisleben historisch dokumentiert. Für die einen ist es reiner Zufall, eine Laune der Natur, für die anderen gewollt, ein Plan Gottes.

Historisch festgeschrieben sind ebenfalls Luthers Bemühungen, 1546 einen Streit zwischen den Mansfeldern Grafen zu schlichten. Nebenbei predigte der Reformator noch in seiner Geburtsstadt, musste aber zuletzt – schon sichtlich geschwächt – das feierliche Abendmahl im Gotteshaus entfallen lassen. In seinem letzten Gottesdienst in der Andreaskirche meinte Luther nur kurz und trocken: „Ich bin zu schwach, wir wollen es hierbei bleiben lassen." Doktor Martin Luther war nicht nur ein Mann der großen Worte, sondern sprach sehr situativ und, wie in diesem Fall, auch kurz und knapp. Legendär ist sein angewandter Predigttipp, der heute noch seine Gültigkeit unter Theologen hat: „Steig nauf, tu's Maul auf, hör bald wieder auf!"

Den Ort Eisleben kannte er gut. Hier gab es Bekannte, Freunde und Anhänger der Reformation. Luther wurde hier am 10.11.1483 geboren, tagsdarauf traditionell als Martin katholisch getauft und verstarb am 18.2.1546 im Alter von 62 Jahren als evangelischer Protestant. Nicht schlecht für einen seit Jahrzehnten offiziell zum Tode Verurteilten. Da Martin Luther wider aller Hoffnung der römisch-katholischen Kurie unter Zeugen friedlich entschlafen war, konnte auch das gestreute Gerücht seiner Gegner, Luther hätte sich am Ende aus Verzweiflung und unter der Macht des Teufels am Bett erhängt, keine Anhänger finden. Das Gerücht wurde mit ihm begraben. Sein Leichnam wurde in einer großen Prozession über die Städte Halle und Dessau mit enormer Anteilnahme der Bevölkerung nach Wittenberg zurückgebracht, wo er in der Schlosskirche der Universität beigesetzt wurde. Das Grab ist dort heute noch vorhanden.

Das Geburtshaus Luthers liegt in Eisleben gegenüber der städtischen Informationszentrale, das Sterbehaus oberhalb des Marktplatzes gegenüber der Andreaskirche. Martin Luther ist also nach seiner letzten Predigt nicht weit gekommen. Auf dem Marktplatz unterhalb der Kirche steht ein beeindruckendes Luther-Denkmal, viele Cafes laden zum gemütlichen Verweilen in der Stadt ein. Auch wenn Hundeverbotshinweise an den Türen kleben, ist meine Erfahrung überwiegend positiv, wenn man trotzdem fragt, ob der Hund mit hinein darf. So kommen Tölpel und ich auch hier in Eisleben (welch wohlklingender Name für eine hitzegeplagte Dreirad-Crew) inmitten der Sommerglut zu einer kühlen und erfrischenden Leckerei.

Durch den Ort führt ein ausgeschilderter Lutherweg. Alles ist schon oder wird gerade neu angelegt. Die Stadt Eisleben schmückt sich für das große Reformationsjubiläum 2017. Als Lutherstadt wurde 1983 schon der 500. Geburtstag Martins gefeiert, das Reformationsjubiläum soll nun alle anderen Veranstaltungen toppen. Eisleben steht zwar im Schatten der großen Lutherstadt Wittenberg, aber es ist wie mit Jerusalem und Bethlehem in der Heilsgeschichte: Auch wenn Jerusalem der große Ort des Geschehens Jesu war, darf sich eine kleine Stadt mit der weltbewegenden Geburt schmücken. Und diese (Heils)-Geschichte scheint sich hier zu wiederholen.

Ich wundere mich, wie viele Kilometer Luther im Alltag meisterte, ganz ohne technische Hilfsmittel. Am Anfang seines Wirkens zu Fuß und später als Reformator auch mit Pferd und Kutsche unterwegs, wirken doch die Entfernungen beachtlich. Von Eisleben nach Erfurt sind es gut 70 und nach Wittenberg mehr als 100 Kilometer. Selbst nach Mansfeld sind es fast 20 Kilometer. Das heißt, Martin Luther war oft Tage unterwegs. Zeiten und Entfernungen hatten im Mittelalter eine andere Dimension als heute. Wir vergegenwärtigen uns diese damalige Lebenssituation, wenn wir heute pilgern. Eine mentale Erfahrung mit Leib und Seele. Vom November 1510 bis April 1511 reiste der junge Luther sogar bis nach Rom. Von Wittenberg über Erfurt, Coburg, Nürnberg und Ulm zum Bodensee, um dann über die Alpen gen Süden zu ziehen – zu Fuß und im Winter. Das wollte ich weder mir noch der kleinen MZ oder Tölpel zumuten. Aber wir sind ja auch keine Volkshelden. Das große Rom reizt uns im Moment wenig, somit knattern wir weiter nach Norden in Richtung Mansfeld. Ich genieße den wunderbaren Sommer, meine brave Weggefährtin Tölpel und mein eisernes ostdeutsches Mobilitätskonzept. Rängtängtäng!

4. MANSFELD:

Das Müll-Museum

In absoluter Entspanntheit – Hans Eberspächer wäre stolz auf mich, denn meine Unterlippe hängt gefühlt ganz locker bis hinunter auf den Tankrucksack – lassen wir uns fließen im Strom der vierrädrigen Karosserien auf den nach der deutschdeutschen Wende neu gestalteten Landstraßen des Ostens. Der Mensch im Sattel und die lange Schnuppernase im Beiwagen erfreuen sich nicht nur an Gottes guter Schöpfung, sondern auch an der MZ. M und Z sind Initialen und stehen für Motorradwerk Zschopau. Initialen sind typisch für unsere Zeit und dem Ringen nach Individualität. Besonders auf KfZ-Kennzeichen sind die statistisch häufigsten Buchstabenkombinationen Initialen aus dem Besitzerumfeld. Wir können deshalb bei den Nummernschildern nicht nur den Ort der Herkunft ablesen, sondern auch über den Besitzer oder dessen Frau, seiner Kinder oder andere Leidenschaften spekulieren. Das ist angewandte Psychologie – wenn auch sehr unwissenschaftlich. Wohl mehr ein Spiel. Aber immerhin zeigt es in einer Zeit der maschinellen Massenherstellung, dass versucht wird, die Ware von der Stange beziehungsweise vom Fließband mit individueller Gestaltung wie Initialen zu individualisieren. So wird ein gekauftes Industrieprodukt nach der Zulassung ein Stück der eigenen Persönlichkeit. Irgendwie brauchen wir Menschen das.

Da wir uns einem Kreisverkehr nähern, schaue ich noch einmal – an der lockeren Unterlippe vorbei – auf das Navigationsgerät im Kartenfach des Tankrucksacks, um mich für die richtige Ausfahrt im Verkehrskreisel zu präparieren. Kaum ist der Kopf leicht gesenkt, sehe ich aus dem Augenwinkel heraus auf einmal grelle rote Lichter vor mir und ein stehendes Fahrzeug vor dem Kreisel. Da kein Verkehr strömt, kommt sofort die Einwortfrage auf: Warum? Die Antwort muss vorerst warten, da sich alles Folgende in Hundertstelsekunden abspielt. Die lockeren Finger meiner rechten Hand und der gerade noch entspannte rechte Fuß an der Peripherie meiner langen Gliedmaßen reagieren sofort auf das Signal vom Gehirn, das wiederum in nicht vorstellbarer Windeseile auf dem Impuls der Augen reagierte. Währenddessen schießt die MZ noch ein paar Meter ungebremst auf das stehende, rot leuchtende Hindernis zu. Schrecksekunde nennt man das. Zum Glück erschrickt die Scheibenbremse an der nachgerüsteten Schwabel-Gabel nicht auch noch, sondern gibt ohne weitere Verzögerungen, unterstützt von den in dieser Situation völlig überforderten hinteren und am Beiwagen installierten Trommelbremsen, ihr Bestes. Ohne einzutauchen hält das Gespann sauber die Spur, obwohl der Vorderreifen quietschend über den Asphalt radiert. Wir bewegen uns nämlich gerade im kritischen Grenzbereich. Nun fühle ich mich nicht mehr entspannt, sondern meine Zähne versuchen mitzubremsen. Nützt zwar nichts, ist aber ein oft zu beobachtender Reflex eines Fahrzeugführers. Auch bei mir. Solange mir meine Zähne bei solchen brutalen Bremsmanövern nicht herausfallen, kann ich sie zum Glück noch mit Fassung tragen. Das wird mit zunehmendem Alter nicht einfacher.

Wie auch immer – der dumpfe Stoß bleibt aus. Die MZ steht auf Tuchfühlung vor dem Heck des schönen schwarzen Kombis. Ausgebremst, aber nicht reingefahren. Gepriesen seien der Herr, Peter Sauer, der mir diese Gabel samt zeitgemäßer Bremse vor der Reise einbaute, und Hans Eberspächer. Der wäre bestimmt stolz auf mich. „Gut sein, wenn's drauf ankommt" heißt eines

seiner Bücher. Ob ich allerdings mit einem Solomotorrad diesen
Stoppie ebenfalls hinbekommen hätte? Wohl nicht. Ein Ein-
spurfahrzeug verzeiht einen blockierenden Vorderreifen nicht
so tolerant wie ein Mehrspurfahrzeug. So ein Gespann hat eben
seine Vorteile – sagt nicht nur der Hund.

Für Zweiräder gibt es ja glücklicherweise ABS. Das ABS für
Motorradfahrer entwickelte Professor Eberspächer, der sich als
Sportpsychologe speziell um Blockaden bei Spitzensportlern
kümmerte. Viele „Trainingsweltmeister" kamen zu ihm, weil sie
in der Vorbereitung auf große Wettkämpfe verlässlich konstante
Weltleistungen lieferten, aber im Wettkampf total versagten. Das
Problem liegt im Kopf. Hier laufen Filme ab, die die möglichen
persönlichen Fähigkeiten in Frage stellen. Kopfkino nennt Hans
Eberspächer dieses Phänomen. Was hat das mit Motorrad fahren
zu tun? Ganz einfach: Mit einem Film im Kopf trifft der Biker
weder die Ideallinie, noch bremst er notfallgerecht. Eberspächer
entwickelte eine Art Navigationssystem für das eigene Ich, das
in kritischen Situationen ganz emotionslos die mental trainierten und damit programmierten Abläufe ansagt – so cool wie ein
Navi im hektischen Großstadtverkehr. Nicht dauernd denken
„Was wäre wenn", sondern sich voll auf den Moment konzentrieren. Und dann nach einem verinnerlichten Muster agieren
und reagieren. Mit einem solchen mental trainierten Antiblo-
ckiersystem wird die persönliche Leistungsfähigkeit auch in
Stresssituationen verlässlich abrufbar. Für Spitzensportler der
Schlüssel zum Erfolg und im normalen Alltag ein effizienter
Umgang mit der begrenzten „Ressource Ich", wie Professor
Eberspächer ein weiteres Buch betitelte.

Zurück zur Praxis: Das stehende Auto vor mir fährt nun nicht
in den Kreisel ein, sondern nach rechts an den Fahrbahnrand.
Fröhlich beginnt seine Warnblinkanlage zu leuchten. Was denn

jetzt noch? Eine elegante Frau mittleren Alters steigt aus. Sie würdigt mich keines Blickes, kein Wort fällt. Ob die vielleicht stumm ist? Vielleicht auch noch blind, was erklären würde, warum sie so fährt, wie sie fährt, oder gerade nicht. Sie flaniert zum Heck des schwarzen Mittelklassekombis, als ob wir gerade in einer Applauskurve stehen würden, und betrachtet alles sehr genau. Sie verbeugt sich vor der Heckklappe und streicht mit ihren zarten Händen suchend über die schwarz lackierte Stoßstange ihres Wessiwagens aus dem Hause VAG. Diese so genannte Stoßstange hätte niemals auch nur den kleinsten Stoß meines soliden VEB-Produktes vertragen. Schwerter zu Pflugscharen. Diesen Klassenkampf hätte mein Ostprodukt klar für sich entschieden.

Voller Missachtung gegenüber quietschenden Kombinatsprodukten und ihren Benutzern schlendert die feine Dame in Zeitlupe wieder zurück in ihren lackierten Käfig. Immer noch kein Wort. Immer noch kein Blick. Die Warnleuchten erlöschen, das Auto bewegt sich – endlich – vorwärts, bleibt aber nach einem Meter wieder vor dem Kreisel stehen. Ich bin sprachlos. Und sehe nun den feinen staubigen Abdruck meines Reifenprofils auf der schönen schwarzen Stoßstange. Oha, das war Haaresbreite. Da die elegante Dame die Langsamkeit der Zeit trainiert und immer noch nicht weiterfährt, blinke ich links, überhole und fahre in den freien Kreisverkehr ein. Geht doch ganz einfach.

Kurz beschäftigt mich die Überlegung, warum der Straßenverkehr manchmal so schwierig ist. Frauen fahren anders als Männer und Motorradfahrer anders als Autofahrer. Zu unterscheiden sind auch lackierte Fahrzeuge von den rustikalen. Wie im richtigen Leben. Ost und West scheint in dieser Debatte nichts mehr zu unterscheiden.

In der Bergwerkstadt Mansfeld wuchs Martin Luther auf. Hier verbrachte er ab 1484 seine Kindheit. Ergo gibt es Luthers Elternhaus, eine Lutherschule und einen Lutherbrunnen. Ich stutze – mir ist keine geschichtsträchtige Information zum Brunnen in Mansfeld bekannt. Urkundlich erwähnt war Martin nie als Kind in einen Brunnen gefallen. Jedenfalls habe ich im Studium der Theologie nie etwas davon gehört oder gelesen. Das mag an der Ausbildung liegen oder an der Quellensammlung. So oder so ist der Lutherbrunnen in Mansfeld ein real existierendes Monument, an dem wir sitzen, lesen und ausruhen können. Man darf auch mit dem Motorrad drumherum fahren. Selbst wenn man hineinfallen würde, wäre das nicht schlimm, weil er nicht sonderlich tief ist. Bei diesen Sommertemperaturen aber angenehm erfrischend – Tölpel wartet nicht lange, springt hinein und freut sich an der Wasserkühlung.

Viele kleine Schilder geben nützliche Hinweise, wo es langgeht. Mit Motorrad aber nicht immer ganz so einfach zu finden. Das Elternhaus liegt in einer Einbahnstraße. Wer es bei der ersten Anfahrt – am Berg – verfehlt, muss einmal den ganzen alten Stadtteil umrunden. So kommt man dann in den optischen Genuss des beeindruckenden Schlosses der Grafen von Mansfeld, das von den Höhen gut zu sehen ist. Arm und Reich sind klar getrennt: auf der einen Seite die Wohnstätten der Arbeiter und Bauern, auf der anderen Seite das prächtige Schloss. Da kein Arbeiter oder Bauer sich ein feudales Schloss leisten kann, bewahrheitet sich wieder einmal die Weisheit meiner Oma, die sagte: „Von Händearbeit allein wird man nicht reich." Irgendwie scheint es egal, ob feudales Mittelalter, sozialistische DDR oder soziale Marktwirtschaft – viele arbeiten und wenige wohnen in Schlössern.

Auch Mansfeld wirbt mit dem Label Lutherstadt und macht

sich gerade hübsch für das Reformationsjubiläum 2017. Die Straßen werden neu angelegt und etwas Farbe kehrt in die ehemals graue Bergwerksstadt ein. Hoffentlich ist noch ein wenig Geld übrig für etwas größere Hinweisschilder, die man von einem Fahrzeug aus lesen kann. Heutzutage sind ja nicht mehr alle so gut zu Fuß wie Luther seinerzeit, sondern nutzen verschiedene Mobilitätskonzepte, die das Lesen von kleinen Wanderhinweistafeln schwierig machen.

Wer technisch interessiert ist, kann sich in das Hüttenwesen vertiefen, das zur Zeit Luthers die Blüte trieb. Der Bergbau gehört ja auch zu Luther, zumindest wenn sein Vater mit in den Blick genommen wird. In Mansfeld schlugen die jüngeren Geschwister von Martin Wurzeln, sodass der Stammbaum der Familie Luder hier in dieser Region weiterwuchs. Touristisch setzt die Stadtverwaltung hauptsächlich auf den klugen Sprössling Martin Luther, den sie reichlich bewirbt. Selbst über Brunnen. Seit 1996 ist Mansfeld ausgewiesene Lutherstadt, also eine junge Lutherstätte im Aufwind. Die Kommunalverantwortlichen haben damit politischen Weitblick bewiesen, denn heutzutage kann Mansfeld nicht mehr vom Bergbau leben, sondern muss sich andere Quellen erschließen. Da kommen Martin Luther und das Reformationsjubiläum gerade recht.

2014 eröffnete das neue Luther-Museum seine Tore – und zeigt Müll. Müll? Bei Umbauarbeiten am alten Elternhaus Luthers fanden Arbeiter die alte Abfallkuhle des Hauses und konnten so anhand des Mülls der Familie den mittelalterlichen Alltag dieser Hausgemeinschaft rekonstruieren. Man stelle sich das für unseren Alltag einmal vor, denn Müll hinterlassen wir ja genug. Was davon in 500 Jahren wohl im Museum landen wird? Das hiesige Luther-Museum ist top modern, pädagogisch perfekt aufgebaut und bietet auch für Kinder tolle Führungen an. Sogar

Tölpel kann im offenen Atrium des Museums warten und wird von Mitarbeiterinnen liebevoll versorgt. Das Museum liegt direkt gegenüber vom Elternhaus und bezieht dieses mit in seine Präsentation ein. So erhellt sich mir auf anschauliche Weise die Kindheit Martins im Speziellen und das Leben im Mittelalter im Allgemeinen. Prima Sache. Und nicht so theoretisch wie ein langes Studium.

5. MAGDEBURG:

Eine leere Kirche

Wir düsen im Zweitaktwalzer Richtung Norden. Rängtängtäng, Rängtängtäng, Rängtängtäng. Der liebe Gott meint es gut
mit uns, die bestens gelaunte Sonne gibt an diesem neuen Sommertag schon ab dem frühen Morgen Vollgas. Früher gab es für
mich als Wessi das interessante Phänomen, dass ich durch die
alte DDR fuhr und auf einmal alle Häuser und viele Autos in
der gleichen Farbe gehalten waren. Blau war sehr beliebt und
verbreitet, was an der gerade verfügbaren Farbe lag. Vielfalt gab
es nicht. Auswahl schon ganz und gar nicht. Als neue Automobile gab es Trabant oder Wartburg, als Zweirad MZ oder Simson. AWO hatte man ja bald nach dem Krieg eingestellt. Der
Binnenmarkt wurde versorgt mit kleinen einfachen Zweitaktmotoren, sodass blaue Wolken früher in der DDR so allgegen-
wärtig wie die Staatssicherheit waren. Für den devisenreichen
Export gab es aufgepeppte Sondermodelle, die alle auch mit nur
zwei Takten ausgestattet waren. Verwaltete Mangelwirtschaft
nannten die genervten Bürger diese Versorgung, die Politiker
behaupteten großspurig, es handle sich um Planwirtschaft.

Der umtriebige DDR-Bürger musste jedenfalls früher stets
mit ausreichend vielen Geldscheinen an DDR-Mark – offiziell
verbotene Westwährung war noch besser – durch das sozialistische Heimatland knattern, um dann bei der Möglichkeit des
Zugriffes einen Deal perfekt zu machen. Improvisation war an-
gesagt und wurde auf höchstem Niveau kultiviert. Wenn in der
eigenen Region ein gesuchtes Produkt rar war, hieß das noch
lange nicht, dass auch andere Landstriche defizitär versorgt

waren. Wer da ein wenig mobil und flexibel war, konnte es auch im Arbeiter- und Bauernstaat durchaus zum imperialen Wohlstand bringen. Der begehrte neue MZ-Vergaser zum Beispiel, der vor Ort nicht im Regal lag, konnte durchaus beim Urlaub in fremden sozialistischen Gefilden als Mitbringsel an Bord geholt werden. Auch gute Schrauben fehlten. Deshalb kann man bei der MZ ETZ nicht einfach nur das verschlissene Kettenrad wechseln, sondern kauft eine komplette Einheit von Kettenradträger aus Aluminium mit aufgepresstem Kettenrad aus Stahl. Keine Schrauben nötig. Da die Kette geschützt in einem Kettenschlauch läuft, benötigt der MZ-Treiber allerdings äußerst selten ein neues Kettenrad, besonders wenn er eine O-Ring-Kette aus westlicher Produktion aufgezogen hat. Die simplen originalen VEB-Ketten waren meist nach ein paar Monaten hin. Ist eine MZ aber erst einmal mit einigen Westprodukten standfest gemacht, fährt dieses Kombinatsvehikel um die ganze Welt. Die deutsch-deutsche Vereinigung gab es also schon vor dem Mauerfall und hieß im Westen wie im Osten MZ.

Wir cruisen Magdeburg mit der Kraft der zwei Takte entgegen, es macht sich eine leichte Erschöpfung bemerkbar. Urlaub heiß Entspannung. Und Entspannung offenbart wiederum die Urlaubsbedürftigkeit. Klingt unlogisch, ist aber Psychologie. Denn Kraftlosigkeit zeigt sich oft gerade in der Phase der Entspannung. Wer kennt das Phänomen nicht, dass beim Antritt des Urlaubs zuerst einmal Müdigkeit oder sogar Krankheit aufkommt? Trotz der Erholungsbedürftigkeit sind die Ziele der freien Tage ziemlich hoch gesteckt, und der schwache Energiehaushalt kämpft mit dem gewünschten Vorhaben. Eine gewisse Verbissenheit ist oft gerade am Anfang des Urlaubes vorhanden. Das Paradies ist noch nicht erreicht, wir sind aber unterwegs, allerdings oft ziemlich müde. Jetzt heißt es, sich selbst gut einzuschätzen, denn gerade in dieser psychologisch sehr anspruchsvollen Phase zeigt sich, wer gut ist. Wie beim Spitzensportler, der alles trainiert hat und nun im Wettkampf seine eingeübten Fähigkeiten abrufen muss. Hans Eberspächer schrieb darüber ein ganzes Buch, denn viele schwächeln gerade dann, wenn es drauf ankommt. Wer hingegen Ruhe bewahrt, wenn es knifflig wird, zeigt, dass seine Selbsteinschätzung real und die eigenen Fähigkeiten optimal trainiert und abrufbar sind. Was heißt das für uns Motorradfahrer? Vor dem Urlaub richtig ausschlafen, um dann in den freien Tagen die rare Zeit voll genießen zu können. Allein, mit Freunden oder Familie.

Nüchtern betrachtet ist Magdeburg eine ziemlich große Stadt. Für den gestiefelten Motorradkater im Anzug bei 30 Grad Sommertemperatur nicht unbedingt empfehlenswert. Der Stadtverkehr nervt. Gerade hier bin ich heilfroh über mein cooles Navigationsgerät. Es dirigiert mich emotionslos ohne lange Orientierungspausen, die mich ins Schwitzen bringen würden, ans Ziel und wenn ich mich verfahren habe, weist es mir ohne zu Murren oder zickiger Stimme einen neuen Weg. Das schont die Nerven.

In solchen Situationen wird mir mal wieder klar, wie Recht Hans Eberspächer hat, wenn er sagt, dass wir Menschen uns mental persönliche Navis schreiben sollen, die uns in Stresssituationen ganz entspannt ans gewünschte Ziel bringen. Normalerweise geraten wir erst bei dauerhaft hoher Beanspruchung in Stresssituationen. Wir verlassen unsere „Komfortzone", ein Zustand, der uns nervös werden lässt. Dann versagen oft die einfachsten Dinge. Der Elfmeter ist so ein spezieller Fall. Normalerweise geht der Ball rein – tausendfach trainiert. Aber wenn 40.000 Zuschauer im Stadion sind und auch noch der fiese Gegner geschickt provoziert, dann zittern auf einmal die Knie.

Im Mittelalter war das nicht anders. Martin Luther beschreibt, wie junge Priester, die sich auf den Gottesdienst perfekt vorbereitet hatten, bei der Predigt plötzlich stammelten und kaum ein Wort über die Lippen brachten. Auch ich hatte einen klugen Kommilitonen, der bei seiner ersten Predigt die Kanzel betrat, um dann – Knall auf Fall – ohnmächtig zu werden. Hier sind mentale Fähigkeiten gefordert, die man trainieren kann, damit sie auch in Stresssituationen zuverlässig abrufbar werden. Wenn ich gut drauf bin, ist es keine Kunst, flüssig zu predigen, aber wenn ich mich gerade über meine Kirche geärgert habe, wird eine authentische Predigt zu einer Herausforderung. Das ging schon Luther so.

Oder stellen Sie sich vor, Sie gehen zum Zahnarzt und der erzählt Ihnen vor der Behandlung, dass er gerade ganz schlecht drauf ist, heute überhaupt keine Lust hat und sowieso von der Feier gestern Abend völlig übermüdet ist. Würden Sie entspannt sitzen bleiben und sich von dem Typ vertrauensvoll anbohren lassen? Eben.

Ist der Zahnarzt aber ein Profi, besitzt er sein persönliches Navi, das ihm zu Spitzenleistung verhilft, wenn sie gebraucht wird. Befindlichkeiten hin oder her. Deshalb sollte Eberspächer mit seiner angewandten Psychologie nicht nur für alle Weißkittel Pflichtlektüre sein, auch in der Theologie und im Bereich der Kirche wären seine Erkenntnisse zielführend. Denn nur mit der Sicherheit eines selbst geschriebenen persönlichen Navis kann ich professionell, authentisch und passioniert auftreten. So, und an dieser Stelle kommt Martin Luther in Spiel. Wer kennt nicht seinen bekannten Spruch: „Aus einem verzagten Arsch kommt kein fröhlicher Furz." Will heißen: Ruhig bleiben, sich seine Stärken bewusst machen, geübte Routinen abrufen. Dann klappt die Notbremsung ebenso wie die Ideallinie.

Die Johanneskirche liegt an der Elbe und ist vom Marktplatz mit seinen ausgewiesenen Parkplätzen – auch für Biker – gut zu Fuß zu erreichen. Alles zentral gelegen und gut vernetzt. Tölpel und ich machen also eine kleine Gassi-Runde. Zuerst schlendern wir zur Touristeninformation, dann bestellen wir am Alten Marktplatz Kaffee und Eis für mich sowie frisches kühles Wasser für den Hund. Zu guter Letzt pilgern wir zur Kirche. Vor dem imposanten Gebäude mit den zwei Türmen steht als Statue Martin Luther mit einer großen Bibel in der Hand. Der Luther also, wie er als Reformator nach 1520 in die Geschichte einging, nachdem er das Neue Testament der Bibel ins Deutsche übersetzt hatte. Auf dem Sockel steht der Satz „Gottes Wort mit uns in Ewigkeit". Mit der deutschen Bibel-übersetzung hat Martin Luther sowohl Kirchen- als auch Kulturgeschichte geschrieben und Deutschland sprachlich geeint.

Wer an der Luther-Statue vorbeigeht und die Kirche betritt, ist erst einmal baff. Ein komplett leeres Kirchenschiff? Von wegen Gottes Wort in Ewigkeit. Es findet nach Auskunft des Pförtners nur noch ein Mal im Jahr zum Reformationstag am 31. Oktober ein Gottesdienst statt. Für den Rest des Jahres wird die geräumte Kirche als profanes Veranstaltungsgebäude genutzt. Im Seitenschiff sind sogar Büroräume auf mehreren Etagen eingerichtet. So lassen sich nicht mehr benötigte Kirchgebäude auch nutzen. Ein sinnvolles Konzept angesichts der geringen Gläubigerschar in der Großstadt, egal ob im Osten oder im Westen. Das Problem: Dort, wo man Kirche sucht, ist nicht mehr Kirche drin. Nicht nur in Magdeburg.

Die Besichtigung des Wahrzeichens ist ohne Eintritt möglich. Selbst die Besteigung eines Turmes ist erlaubt und wird ganz pfiffig über eine Ampel gesteuert. Sind zu viele Besucher oben auf dem Turm, schaltet die alte DDR-Leuchte auf das inzwischen kultige rote Männchen um. Erst wenn einige den Turm verlassen haben, darf der nächste Schub bei Grün die Stiege hinauf. Genial und einfach. Typisch DDR. Wie die alte MZ. Unten im Turm hängen allerlei Informationstafeln zur Geschichte der Kirche. Zerstörung und Wiederaufbau sind mit Bildern und Erklärungen beschrieben. Heute kümmert sich ein Kuratorium um die Erhaltung. Umso bewundernswerter, dass trotzdem kein Eintritt verlangt, sondern nur auf eine Spende hingewiesen wird. Kompliment.

Magdeburg ist zwar keine Lutherstadt, dennoch bin ich auf dem richtigen Weg, denn der begabte junge Luther hatte in Magdeburg 1497 kurz die Klosterschule besucht. Die „Brüder vom gemeinsamen Leben" schulten ihn damals ein Jahr lang, was den pubertären Martin geistlich prägte. Magdeburg nicht. Vielleicht lag es an seinem zwielichtigen Zeitgenossen, dem Kardinal Albrecht von Brandenburg, Erzbischof von Mainz und Magdeburg? Dessen Ämterhäufung weist auf eine gewisse Charakterschwäche hin, auch rechtlich war das – genau wie heute – nicht legitim.

Heute befindet sich am Platz des ehemaligen Klosters ein schon angegrauter Neubau mit gediegenem Museum. Touristisch setzt Magdeburg heute auf Otto von Guerike, der gut 100 Jahre nach dem Reformator die alte Stadt als Bürgermeister vertrat und politisch prägte. Magdeburg besitzt gegenwärtig eine bizarre Mischung von Alt und Neu. Der Zweite Weltkrieg und die DDR-Zeit sind noch an vielen Ecken spürbar und im Miteinander erlebbar. Mit der Zeit wird diese Stadt gewiss wieder das werden, was sie damals schon einmal war: eine interessante, bedeutende Metropole an der Elbe, vielleicht wieder mit geistlichem Leben in der Kirche.

6. WITTENBERG:

Luthers Jerusalem

Wir sind ganz aufgeregt – nun geht es nach Wittenberg. Das protestantische Rom der Lutheraner. Wer jetzt vor lauter Aufregung ein „e" zuviel in sein Navigationsgerät eintippt, landet in Wittenberge, wird statt Elbe aufwärts flussabwärts geleitet und findet sich dann in Brandenburg wieder. Das kann mit „Rome" nicht passieren. Wir bleiben jedenfalls – trotz Aufregung – in Sachsen-Anhalt. Die Strecke von knapp 100 Kilometern verläuft parallel zur Elbe. Eine reizvolle, ebene Flusslandschaft. Das Navi ist eingestellt auf die kürzeste Strecke ohne Autobahn und führt uns über die Landstraße 184. Als wir so dahingleiten, kommt mir der alte DDR-Hit in den Sinn, der im Refrain immer wiederholt: „70, 80, 90". Gemeint waren km/h. Ich erinnere mich, dass ich früher als Jugendlicher darüber schmunzelte, als ich Anfang der Achtzigerjahre im Westen diesen Song aus dem Osten hörte. Wie, Geschwindigkeitsrausch mit 90 km/h? Die japanischen Motorräder hatten zu dieser Zeit gerade die zulassungsfähige Schallmauer von 200 km/h durchbrochen, die Maschinen besaßen oft mehr als die auf dem westdeutschen Markt offiziell geduldeten 98 PS. Jetzt sitze ich auf dem guten alten MZ-Gespann und genieße die Landschaft Ostdeutschlands. Tölpel sitzt neben mir im Beiwagen und hält ihre Nase in den Wind. Vergnügt stimme ich in den alten Refrain ein: „70, 80, 90". Die MZ rennt, wir sind glücklich und rauschen gen Osten. Mir ist gerade zum Singen zumute.

Tölpel findet Gespannfahren klasse. Sie ist nicht angeschnallt. Sie trägt keinen Helm. Sie benötigt keine Brille, denn sie fährt von kleinauf im Beiwagen mit und hat ihre eigene Fahrtechnik entwickelt. Bis 90 km/h trotzt sie erhobenen Hauptes dem Fahrtwind und sucht sich geschickt eine Position, in der sie die Verwirbelungen des Windes am wenigsten stören. Ich sehe das immer an ihrer Fellstruktur wie in einem Windkanal. Ab 90 km/h nutzt sie geschickt die Windschutzscheibe und schaut so geschützt auf die Strecke. Auf jeden Fall ist sie ein vorausschauendes Lebewesen, denn sie legt sich in jede Kurve hinein – für Mitfahrer im Boot ein faszinierendes Phänomen, für Tölpel ein luftiges Vergnügen. Sie liebt es, die Nase in den Wind zu halten und zu schnuppern. Ich beobachte die kleine Nasenspitze, wie sie sich leicht hin und her bewegt. Wenn der Geruch gerade regional besonders interessant ist, dreht sich Tölpel im Beiwagen und schnuppert dieser Spur nach. Deshalb ist sie nicht angeschnallt. Außerdem hat sie bei einem eventuellen Ausflug ins Grüne die Chance, aus dem Boot zu springen. Wahrscheinlich kommt sie bei einem Unfall instinktiv besser vom Fahrzeug weg als ich ungelenker Mensch. Wir haben alles von kleinauf trainiert und sind ein richtig gutes Team.

Offiziell gilt der Hund als Gepäckstück und unterliegt der Sicherung des Fahrzeugführers. Einige behaupten, ein Hund solle angeleint sein, aber ein Gepäckstück, das auf Befehl aus dem Beiwagen hinaus- und hineinspringt, gibt es nach der Straßenverkehrsordnung nicht. An mein Wort fühlt sich Tölpel ohnehin mehr gebunden als an eine Leine. Davon kann sie sich nicht losreißen.

Das ist wie bei Luther, denn auch er hörte gewissenhaft auf die Stimme seines Herrn. Er nahm die Bibel sehr ernst, in der steht, dass Jesus Christus ruft und die Schafe die Stimme ihres Herrn erkennen. Das ist evangelische Freiheit: Der Leinenzwang der Kirche ist aufgehoben und die Gläubigen unterstehen direkt dem Wort Gottes. Für Tölpel ist der Beiwagen jedenfalls eine rollende Hundehütte, in der sie sich zu Hause fühlt. Als Hütehund sucht sie instinktiv die Nähe von Herrchen.

Wir unterqueren die Autobahn Berlin/München und nach der kleinen Stadt Coswig befällt mich ein mehr und mehr ungutes Gefühl. Statt durch das geistliche Mekka des Protestantismus schaukeln wir durch das Mekka der Agro-Chemie. Ich möchte nicht wissen, wie das hier zur Zeit der DDR aussah. Links der Straße industrielle Großanlagen soweit das Auge reicht, dann kreuzen in großer Höhe gewaltige wie gewagte alte Förderbandkonstruktionen und Rohrleitungen die Fahrbahn, um in Richtung Elbe zu verschwinden. So war das mit dem genial und einfach nicht gemeint.

Wittenberg ist nur im Kern der Altstadt eine Lutherstätte. Drumherum stehen Arbeitersiedlungen und Industrieanlagen. Unübersehbar, wenn man von Westen anreist. Wer sich das ersparen und vielleicht auch die Großstadt Magdeburg umgehen möchte, der reist von Mansfeld oder Eisleben direkt nach Wittenberg. Die Route über Köthen, Dessau und Oranienbaum ist wunderbar, die Einreise nach Wittenberg erfolgt aus südlicher Richtung. Hier nähert man sich der Lutherstadt in lieblicher Landschaft und wird mit der fast mittelalterlichen Stadtsilhouette des Schlosskirchenturmes und der beiden Türme der Stadtkirche begrüßt. Wie zu Zeiten Luthers.

Von 1508 bis zu seinem Tod wohnte Martin Luther in Wittenberg. Hier war er Student, Doktor der Theologie, Professor, Prediger, Seelsorger, Mönch, Junggeselle, später Ehemann und Familienvater. Die ganze Reformationsgeschichte ist vor Ort erfahrbar. Ein kurzer Aufenthalt jedoch wird diesem deutschen Ort, der Weltgeschichte schrieb, nicht gerecht. Ich plädiere für einen motorradfreien Tag und empfehle zwei Übernachtungen.

Also raus aus den schweren Klamotten und rein in die leichten Sommersandalen. Ohne Socken. Tölpel freut sich über die artgerechte Bewegung ohne technische Hilfsmittel, ich genieße T-Shirt und Altstadtatmosphäre. Ich brauche wohl nicht zu erwähnen, dass es auch in dieser Stadt tolle Cafés mit leckerem Eis gibt. Überall sind lauschige Plätzchen zu finden. Es gibt die gutbürgerliche Küche in Normal oder Bio, im Lokal oder Hinterhof. Aber auch Pizzeria, China-Haus, indisches Restaurant und Irish Pub freuen sich über einen Besuch. Übernachtungen sind in allen Kategorien möglich. Die Jugendherberge direkt neben der Schlosskirche ist ganz neu und modern. Besser geht es nicht. Allerdings müssen Hunde leider draußen bleiben. Deshalb haben Tölpel und ich uns eine andere tierisch gute Bleibe gesucht – das Hotel Richtung Hauptbahnhof hütet selbst Katzen und heißt auch andere Tiere herzlich willkommen. Außerdem wartet ein großer Parkplatz hinterm Haus, auf dem sich unser Zonenkrad sicher und heimisch fühlt. Perfekt für uns drei.

In der Touristeninformation suche ich das kleine Büchlein über Luthers Hund Tölpel, aber es wird zur Zeit nicht angeboten. Schade. Meine „Tölpelina" fühlt sich auch so in Wittenberg sehr zuhause. Die Museen und Kirchen scheuen allerdings den Hundebesuch, und Madame muss trotz lutherischer Abstammung im Foyer warten. Das mag sie überhaupt nicht. Wer also eine spezielle Stadtführung mit Hund mitmacht, die vom Touristenbüro angeboten wird, muss sich beim Besuch des Museums im ehemaligen Schwarzen Kloster entscheiden, was er will: Kultur oder Hundewohl?

Wer zu dritt reist, hat das Problem nicht: Einer kann den Hund im Klostergarten Gassi führen, während der andere die interessante Geschichte der Reformation im Museum durchläuft. Ein Wechsel der Personen ist mit der Karte der Stadtführung möglich, man muss nur die netten Leute im Museum informieren.

Luther hatte hier in Wittenberg sein Zuhause gefunden. Er wohnte ab 1511 im Schwarzen Kloster. Zuerst als Junggeselle, dann als Familienmensch. Als Luther 1525 die ehemalige Nonne Katharina von Bora geheiratet hatte und sie in das Haus mit einzog, bekam die Arme erst einmal einen Schock, da Martin und sein Gehilfe von Hausordnung nicht so viel hielten wie von der Kirchenordnung. Luther gab später einmal zum Besten: „In häuslichen Dingen füge ich mich Käthe. Im Übrigen regiert mich der heilige Geist." Martin Luther hatte wohl so etwas geahnt und stets eine Ehe weit von sich gewiesen. Die viele Arbeit, das Reisen und der immense politische Druck bis hin zu Morddrohungen wollte er keiner Familie zumuten.

1525 war er dann aber doch soweit: Doktor Luther wollte nicht nur über das Leben reden und schreiben, sondern es ohne Hülle aber in Fülle erleben. Er heiratete seine Katharina, und der Trauzeuge wohnte nach mittelalterlicher Sitte der Hochzeitsnacht bei. Damit war die Ehe auch geschlechtlich geschlossen.

Der umfangreiche Hausputz danach war nur das erste Resultat der Ehe. Bald kam das erste Kind, Hans. Fünf weitere folgten, wovon zwei früh verstarben. Das Familienleben prägte fortan sowohl Luthers Worte als auch seine Werke. Die Theologie unterscheidet den jungen und den alten Luther. Besonders seine häuslichen Tischreden sind ganz lebensnah. Sie wurden von Besuchern des Hauses aufgeschrieben und blieben so der Nachwelt erhalten.

Das alte Kloster hatte Luther vom Kurfürsten Friedrich dem Weisen geschenkt bekommen. Dafür musste Luther lebenslang den Predigtdienst in der Stadtkirche zu Wittenberg gewährleisten. Dazu verschlang noch ein gewisser Renovierungsstau am großen Gebäude die übersichtliche Haushaltskasse. Manchmal können Geschenke auch schwer erträglich sein. Normalerweise hausten nachweislich stets um die 40 Personen im Hause Luther: die Familie und Verwandten samt Pflegekinder, dazu der Besuch von Studenten, Wandersleuten, Vertriebenen und Interessierten der neuen reformatorischen Lehre.

Als Doktor der Theologie war Luther seit 1514 Professor in der noch jungen Universität, die 1502 gegründet worden war. Hier hatte er ein junges Team um sich, ohne das die Reformation nie hätte stattfinden können. Melanchthon, Bugenhagen, Karlstadt, Spalatin, die Cranachs und viele andere Gestalten der Reformation finden in Wittenberg ihre Heimat und Berufung. Professor Doktor Martin Luther predigte nach 1522 auch offiziell in der Schlosskirche, die zur Alma Mater gehörte. Als Pfarrer in der Stadtkirche war Luther zeitgleich auch Seelsorger für die Bewohner der modernen Stadt an der Elbe, die gerade zu seiner Zeit einen rasanten Aufschwung erlebt. Nicht zu vergessen die innerkirchlichen und politischen Entwicklungen in Deutschland, in die er mit seinem mutigen Engagement geraten war. Eins scheint sicher: An Arbeit hat es Luther wohl nie gemangelt, und es ist mehr als bewundernswert, wie er das alles geschafft hat. Er muss die Gabe gehabt haben, Dinge zur rechten Zeit optimal zu erledigen. „Mental gut trainiert. Ein echter Profi", würde Hans Eberspächer dem Kollegen Luther attestieren. Bestleistung auf Kommando abrufen können – Luther wäre sicher ein erstklassiger Motorradfahrer gewesen.

Die Besichtigung der beiden Kirchen samt einer Führung ist obligatorisch. In der Schlosskirche, direkt gegenüber der Touristeninformation, ist der Leichnam Luthers beigesetzt. Draußen sind die 95 Thesen in Bronze an der Kirchentür verewigt. Das Original ist über die Jahre und Kriege verbrannt. Am 31.10.1517 hatte Luther seine Thesen auf dem Dienstweg als Beschwerde über den praktizierten katholischen Ablass versandt. Die Theorie des Anschlags an die Schlosskirchentür durch Martin Luther selbst gilt als unhistorisch, denn er wird wohl jemanden beauftragt haben, seine Disputation am schwarzen Brett in der Universität zur Veröffentlichung auszuhängen. In damaliger Zeit ein ganz normaler Akt im universitären Alltag. Heute ist der Thesenanschlag Luthers weltberühmt, alle Besucher lassen sich vor diesem Kirchenportal als historische Erinnerung ablichten. Auch das Datum des 31. Oktobers ging in die Geschichte ein – als weltweit gefeierter Reformationstag.

Tölpel bevorzugt Luther open air. Also pilgern wir über den Grüngürtel der Altstadt von der Schlosskirche zurück zum Hotel auf der anderen Seite der Innenstadt. Der Stadtname Wittenberg bedeutet „Weißer Berg", aber angesichts der wahnsinnigen Steigungen vor Ort muss selbst ich als Flachlandtiroler schmunzeln: Der höchste Punkt der Stadt an der Stadtkirche misst 34 Meter. Da hat selbst Hamburg höhere Berge – zugegebenermaßen sind sie allerdings nicht weiß.

Auf unserem Spaziergang sehen wir das Alte Schloss von hinten, das gerade aufwändig renoviert und ausgebaut wird, die neue Jugendherberge, die alte Werkstatt von Lukas Cranach, der Luther in mehreren Porträts über die Jahre festgehalten hat. Im Innenhof des Schwarzen Kloster steht eine Statue Katharinas, die Luther manchmal auch liebevoll „meine Domina" nannte. Am Ende kommen wir zur Luthereiche. Der Platz, an dem Luther im Dezember 1520 öffentlich seine Bannbulle verbrannte. Damit war jedem klar, dass mit einer Reform der katholischen Kirche nicht mehr zu rechnen war. Martin Luther übergab das Vorhaben symbolisch den Flammen und wurde damit der Begründer des neuen evangelischen Glaubens.

Eigentlich könnten wir jetzt einen Abstecher gen Osten wagen und über Jüterbog in den Spreewald düsen. Der Widersacher Luthers, Johann Tetzel, der sich und der römischen Kurie mit dem Ablasshandel den Besitzstand vergoldete, trieb im angrenzenden Fürstentum Brandenburg seinen Beschiss, weil er in Thüringen bei Friedrich dem Weisen, Luthers weltlichem Schutzpatron, Landesverbot hatte. Beauftragt wurde Tetzel vom Erzbischof von Magdeburg. Diesen zwielichtigen Zeitgenossen kennen wir ja schon. You remember? Da aber historisch nicht belegt ist, dass Käthe ihrem Martin mit Spreewaldgurken das Leben würzte, bleiben wir unserer geschichtsträchtigen Lutherroute treu, belassen es bei der wissenschaftlichen Analyse der Geldschneiderei durch den katholischen Ablasshandel und verlassen das protestantische Wittenberg nach Süden. Bei der Abfahrt blicke ich noch einmal auf dieses schöne Stadtpanorama. Ich kann Martin Luther verstehen, hier zu wohnen und zu leben. Luthers Jerusalem.

Unfall mit Todesfolge

Jetzt haben wir ein kleines Problem: Die Bundesstraße 2 südwärts ist gesperrt. Was tun? Auf der B 182 in Richtung Torgau bleiben. Was ein Glücksfall ist, da diese Bundesstraße sich als schöne, kurvenreiche Motorradstrecke erweist.

Die Stadt Torgau beherbergte damals den kursächsischen Hof, und Luther unternahm etliche Dienstreisen zur Fürstenfamilie, die ja ständig irgendwelche Prominenz aus In- und Ausland zu Besuch hatte. Alle sollten oder wollten die bekannte Persönlichkeit aus Wittenberg sehen und vor allem hören. Luther nutzte dieses adlige Parkett professionell für die Verbreitung seiner reformatorischen Gedanken. Ihm lagen aber immer die Glaubensinhalte am Herzen, nicht das politische Showbusiness. 1544 kam der alte Martin Luther wohl voller Freude in die Stadt, da die Schlosskirche in Torgau als der erste protestantische Kirchenneubau der Welt eingeweiht werden sollte. Der evangelische Glauben erhielt damit sein erstes weltliches Fundament. Kein Wunder, Torgau war damals die politische Hochburg des Protestantismus. Katharina von Bora reiste später als Witwe auf der Flucht vor der Pest von Wittenberg ebenfalls nach Torgau. Bei einem Kutschenunfall verletzte sie sich schwer und verstarb hier im Dezember 1552. Mobilitätsopfer gab es also auch schon im ausgehenden Mittelalter.

Wir lassen Torgau hinter uns und bummeln über Bad Schmiedeberg durch die Dübener Heide Richtung Bad Düben. Was für eine Fahrt, ein Traum! Wenn es jemals einen entspannten Zustand meinerseits gab, dann ist das heute der Fall. Alles fließt und ich singe mit entspannter Unterlippe etwas undeutlich „70, 80, 90". Der Motor tanzt seinen Zweitaktwalzer, die Sonne lacht uns ins Gesicht, der Wald ist angenehm schattig und verwöhnt die Seele mit einem tollen Lichtspiel. Und wie das alles riecht … Deshalb fahre ich so gerne Motorrad.

In Bad Düben steuern wir eine Bäckerei an und werden zu Schattenparkern. Heute ist wieder so ein unglaublicher Supersommertag. Ich saufe viel gekühltes Wasser und trinke danach einen frischen Kaffee. Dazu verkonsumiere ich ein Stückchen frischen Obstkuchen. Tölpel bevorzugt frisches Leitungswasser, das von der netten Bäckereifachverkäuferin spendiert wird, und knabbert ein wenig Trockenfutter, das ich ihr reiche. Tölpel futtert übrigens wie ich vegetarisch oder vegan. Auf Reisen oder bei Besuchen nutzt sie allerdings gern die Chance auf Fleischgeschenke. Sie ist da nicht so wählerisch wie ich, allerdings isst sie kein Hundedosenfutter. Dieses „Schuldfleisch" aus der Massentierhaltung, wie der Wittenberger Theologe Schorlemmer es nennt, scheint selbst Tölpel zuwider.

Mir zuwider ist der Gedanke an Massentierhaltung samt Akkordschlachtung auf Großschlachthöfen, die nach der Wende wieder im Osten Deutschlands mit umfangreichen Subventionen etabliert wurde. Hier in der schönen, stillen Natur ist bei solchen Schweinereien vermutlich kein kritischer Widerstand zu erwarten. Wer soll sich aufregen, wo doch hier kaum noch ein Mensch wohnt? Die Region ist ideal, da Großstädte wie Leipzig nur 40 Kilometer entfernt liegen. Da ist die Fütterung der Großstadtbevölkerung mit Mastware „just in time" möglich. Leipzig – sollen wir uns die Großstadt antun?

8. LEIPZIG:

Eine Messestadt, die ansteckt

Leipzig war schon im Mittelalter eine bedeutende Messestadt, die alles zeigte, was die Menschheit so zu bieten hatte. Der Zeitgenosse Luthers, der Humanist und Ritter Ulrich von Hutten, holte sich hier 1508 als junger Mann die Syphilis, woraufhin er panikartig die Stadt verließ. Der junge Martin Luther musste 1519 hierher, um sich mit dem pfiffigen katholischen Theologen Johannes Eck über seine Thesen zu streiten. Disputieren nannte sich so etwas. Luther zog damals den Kürzeren, was ihn mächtig wurmte. Dennoch blieb er gelassen, denn er war ein kluger, studierter Mann und sich seiner Sache gewiss.

Die Pest brach damals immer wieder über das Land herein und bescherte großen Städten wie Erfurt und Leipzig bis zu 5.000 Tote – fast ein Viertel der Bevölkerung. Martin Luther nannte die Pest „Herrn Omnes", der lateinische Ausdruck für jedermann. Denn Herr Omnes macht keinen Unterschied, er nimmt sie alle mit, jeden Mann und jede Frau. Wie der heutige Omnibus. Nur darf man bei ihm wieder aussteigen.

Nach der Wende bekam die Stadt Leipzig 1990 das „L" für das Kfz-Kennzeichen zuerkannt, obwohl es im Westen im hessischen Lahnkreis bereits im Gebrauch war. Der Osten setzte sich durch. Heute fahren die armen Biker im Lahn-Dill-Kreis mit dem Kuchenblech LDK durch die Natur und trauern den guten alten Zeiten nach. Für die restlichen Motorradfreunde des Ostens gab es allerdings kein Pardon: Das kleine Nummernschild der DDR verschwand, die neuen Regionalcodes wurden überwiegend dreistellig. Froh ist, wer in Leipzig lebt.

Leider sind in Leipzig die Spuren des traditionellen Seitenwagenbaus völlig verschwunden. Im Rausch der Erfindungen genialer Zweiräder hatten hier mehrere Karosseriebauer schon früh am Anfang des 20. Jahrhunderts interessante Beiwagenvariationen entworfen. Das größte Werk war der legendäre Stoye-Fahrzeugbau. Nach dem Krieg werkelte Stoye in der DDR fleißig weiter, wurde 1961 teilweise entprivatisiert, um 1972 komplett verstaatlicht zu werden. Nun war man Volkseigener Betrieb (VEB). Damit produzierte die Leipziger Seitenwagenschmiede alleine für das Motorradwerk Zschopau, denn die Produktion des ostdeutschen AWO-Zweirades in Suhl – in der frühen DDR-Zeit eine Alternative zur MZ – war in dieser Zeit von Staatswegen schon eingestellt. Alles sollte nicht mehr regional privat, sondern zentralistisch nach staatlichen Plänen laufen.

Übertragend gedacht, wurde damit 400 Jahre nach der Reformation eine Art politische Gegenreformation durchgeführt: weg mit den regionalen Interessen (der protestantischen Fürsten) und hin zum Alleinherrschen (des katholischen Kaisers). Geschichte wiederholt sich. Daran kann jeder erkennen, dass Reformation ein ständiger Gegenwartsprozess um Freiheit ist.

Der bequeme Seitenwagen, in dem Tölpel sitzt, wurde jedenfalls hier vor Ort im MZ-Werk IV hergestellt und war seiner Zeit weit voraus, weil er moderne Elemente aus dem Automobilbau aufnimmt und zum Beispiel eine sich öffnende Einstiegshaube hat. Das dürfte die einzige große Klappe sein, die Frauen an Motorradfahrern lieben. Die alten Fabrikhallen des traditionellen Seitenwagenherstellers sind bedauernswerterweise in der Konkursmasse der DDR untergegangen. Ein Beispiel dafür, dass mit der Wende oft auch ein Stück deutscher Kultur verschwunden ist.

Wie auch immer – heutzutage ist die Großstadt Leipzig nicht wegen Martin Luther touristisch bekannt, sondern durch die jährliche Buchmesse, durch eine sehr rege Kabarettszene und durch die weltbekannten Musiker Johann Sebastian Bach und Felix Mendelssohn Bartholdy. Auch die Montagsdemonstrationen zu DDR-Zeiten haben diese Stadt weltberühmt gemacht. Ich bin unschlüssig. Bleiben oder weiterfahren? Sommerhitze, Großstadtverkehr … Normalerweise würde ich zu Hause zur Entscheidungsfindung erst einmal – um Zeit zu gewinnen – eine Motorrad-Zeitschrift durchblättern, aber hier ist keine zur Hand. Also probiere ich als Ersatz die Backwaren der Region und tippe in das Navi nebenbei intuitiv Augustusburg ein. Zweieinhalb Stunden Wegezeit sagt das Display – das ist ja herrlich. Ein Zeichen. 150 Minuten Motorradgenuss pur bei diesem Sommerwetter und in dieser sanften Natur. Und am Ziel winkt zur Belohnung noch ein Motorradmuseum. Ich beiße zu, wie Tölpel bei Geschenken von Freunden.

Meine Stimmung steigt, wir lassen Leipzig rechts liegen. Unser ortskundiger Techniklotse navigiert uns professionell gen Süden. Der sommerliche Reisetraum geht weiter. Ich staune über das schöne Land, die guten Straßen und die vielen unbekannten Ortsnamen. Wir befahren ausschließlich die kleinen gelben Straßen. Ich nuschele wieder „70, 80, 90" in den Helm und nachmittags ist es dann soweit – die beeindruckende Augustusburg ragt plötzlich vor uns hoch in den sonnigen Himmel. Was für ein Tag.

9. AUGUSTUSBURG:

Motorräder satt

Augustusburg liegt südöstlich der Großstadt Chemnitz, die früher zu DDR-Zeiten Karl-Marx-Stadt hieß. Die kleine Stadt am Berg ist bekannt durch das fürstliche Schloss oben auf dem Gipfel, die Augustusburg. Es beherbergt ein großes, einmaliges und sehenswertes Motorradmuseum. Ferner findet im Schloss Augustusburg alljährlich im Januar das inzwischen deutschlandweit bekannte Wintertreffen für Motorradfahrer statt, zu dem auch hartgesottene Gäste aus ganz Europa anrollen. Schon zu Karl-Marx-Stadt-Zeiten haben sich die Motorradfreunde hier stets im Januar zum Wochenendklönschnack auf der Augustusburg getroffen. Die spinnen die Biker, oder? Beim diesem rustikalen Stelldichein, das seit 1971 stattfindet, ist die ganze Burganlage voller Besucher und überall sind Zelte aufgeschlagen. Es riecht überall nach Feuer und Qualm. Die Stimmung ist einmalig und alles andere als kühl. Heute wirkt der Innenhof richtig ruhig dagegen. Beschaulich geradezu. Vielleicht 40 leicht gekleidete Touristen suchen bei hochsommerlichen Temperaturen ein schattiges Plätzchen im Schlosshof und lassen sich durch die ansässige Gastronomie gut und gerne verwöhnen. Wir auch. Tölpel wird freudig begrüßt und ich werde wieder einmal gefragt, wo denn der Hund auf dem Motorrad fahre? Dass ich mit dem Bike unterwegs bin, sieht man an meiner Motorradbekleidung, die im Vergleich zum Sommeroutfit der Fußgänger wie eine mittelalterliche Rüstung wirkt, was auf dieser Burg ja durchaus standesgemäß ist. Ich fühle mich hier oben als der legitime Nachfolger der Burgritter und freue mich am fürstlichen

Anwesen, an der üppigen Verpflegung und am Schlosshund Tölpel.

Das Motorradmuseum wurde gerade umgebaut. Nach 1961, 1985 und 1989 folgte nun die vierte Neugestaltung. Gutes soll noch besser werden. Die Ausstellungsfläche wurde auf 1.100 Quadratmeter vergrößert. Es gibt unendlich viele schöne alte bekannte oder seltene Fahrzeuge zu sehen. Hier kann die geschichtliche Entwicklung des motorisierten Zweirades anschaulich nachvollzogen werden. Das Wittenberg für Biker. Das Tolle ist, dass die gelangweilten Familienmitglieder, sollte es welche geben, im feudalem Schlosshof gut verweilen können, während Papa ausgiebig die technischen Feinheiten studiert. Pädagogisch sehr wertvoll. Ich darf sogar meinen Schlosshund an der Leine durchs Museum führen.

Auch wenn Luther kein Motorrad fuhr und nicht in Augustusburg war, bleibt das Schloss interessant, weil es ein Produkt der politischen Cleverness des albertinischen Herzogs von Sachsen ist. Die sächsischen Herzöge mussten nämlich ihr Territorium teilen. Kleine Bruderfehde. Zuerst war Moritz von Sachsen noch mit seinem ernestischen Verwandten im Norden, dem Schutzpatron Luthers, auf gleicher politischer, antirömischer Linie. Sie wollten gemeinsam als Fürsten mehr Freiheit und eigene Entscheidungsmöglichkeiten für ihr Territorium. Der ernestische Friedrich der Weise, Luthers politische Stütze, war allerdings Kurfürst, also eine Stufe höher in der Ständehierarchie. So etwas wurmte ja karrieregeile Männer schon immer. Der Konkurrenzkampf war somit vorprogrammiert und brach dann auch offen aus. Inmitten des politischen Kampfes fiel Moritz dem Fürstenbund in den Rücken und kooperierte plötzlich mit der gegnerischen katholischen Kaisertruppe. Der politisch aufbegehrende Schmalkaldische Bund der Fürsten musste daraufhin 1547 wieder seine in mittelalterliche Strumpfhosen gewickelten Beine unter des Kaisers Tisch stecken und untertänig parieren. Die Rebellion der Fürsten war damit gescheitert. Moritz erhielt nach der Wittenberger Kapitulation endlich die heiß ersehnte Kurwürde und hatte sein persönliches Ziel erreicht, auch wenn es durch Verrat geschah. So etwas kam schon damals in den besten Familien vor.

Ganz am Ende gab es aber dennoch ein familiäres Happyend: Kurfürst Moritz von Sachsen fiel 1552 plötzlich seinem Kooperationspartner, dem erzkatholischen Kaiser, bei der militärischen Belagerung Magdeburgs in den Rücken, so dass die reformatorische Eigenständigkeit der Stadt bewahrt blieb und Kaiser Karl V. finanziell und mental am Boden, frustriert abziehen musste. Die kaiserliche Pleite war so verheerend, dass 1555 in Augsburg sogar ein Religionsfrieden geschlossen wurde, in dem festgeschrieben stand, dass jeder Landesfürst selbst bestimmen darf, welche Religion im Lande herrscht. Die heutige Glaubensfreiheit war das zwar noch nicht, aber ein erster Schritt auf diesem lange Weg wurde damit getan. Der arme Kaiser trat 1556 politisch gescheitert zurück und starb mit dem Segen der katholischen Kirche 1558, ohne sein großes Ziel eines revitalisierten Römischen Reiches deutscher Nation erreicht zu haben. Damit hatte sich die Reformation theologisch wie politisch in Deutschland und Europa festgesetzt.

Der Kampf um die Freiheit ging dennoch weiter. Erst nach den bitteren Erfahrungen des Dreißigjährigen Krieges schloss man 1648 endlich den Westfälischen Frieden. Der sprunghafte Moritz hingegen überlebte alle karriereorientierten politischen Schwankungen unbeschadet und hinterließ uns diese wunderschöne Augustusburg – ohne Motorräder.

10. ZSCHOPAU:

Tradition und Fortschritt

Meine MZ ist jetzt nicht mehr zu halten. Ihr sächsisches Blut, oder besser gesagt: Zweitaktöl, kommt richtig in Wallung, denn in zehn Kilometer Entfernung liegt Zschopau. Zschopau ist ein Fluss, eine Stadt und die Geburtstätte unseres genialen Transportmittels – das Motorradwerk Zschopau. Durch eine Traumlandschaft kurven wir auf kleinen hügeligen Sträßchen gen Süden. Die Maschine nimmt's wie's kommt. Hauptsache wir sind bald da. Und dann ist es soweit: Im Alter von über zwanzig Jahren steht sie das erste Mal vor ihrer Geburtsstätte in ihrer wahren Heimat.

Als Neufahrzeug ohne Erfahrung auf dem Tacho wurde sie 1988 gleich in den Westen ausgewiesen. Als Exportmodell besaß sie von Anfang an die moderne Getrenntschmierung und die begehrte Scheibenbremse vorne. Im norddeutschen Kiel, weit entfernt von der sächsischen Heimat hinter der Mauer, wurde sie vom dortigen MZ-Händler in die Hände eines TÜV-Beamten verkauft. Dieser pflegte, wartete und fuhr sie dann liebevoll und mit Sachverstand. Sie erhielt in der BRD einen Zusatzrahmen von Peter Sauer und einen 300-Kubik-Satz von Mahle. So bekam das Ostkrad, das früher auch im Versandhaus zu bestellen war, im Westen etliche kleine Optimierungen sowohl in der Motor- als auch in der Fahrwerkstechnik.

Weil der Beamte sie so fleißig pflegte, wurden sie nicht vom TÜV geschieden, sondern beide durften zusammen glücklich alt werden. Die gemeinsame Geschichte wurde akribisch dokumentiert. Nach über 23.000 treuen Kilometern kam 2009 die Trennung, da das Alter Spuren hinterlassen hatte. Beim Fahrer und bei der Maschine. Seitdem begleitet mich die MZ. Sie bekam, wieder von Peter Sauer, einen Schwabel-Gabel-Umbau. Ansonsten blieb alles unverändert, wie vom Erstbesitzer übernommen. Besser geht es nicht. Der Rahmen des Möglichen ist erreicht. So wurde das MZ-Gespann eine perfekte Ost-West-Coproduktion, die läuft und läuft und läuft. Der Käfer unter den Motorrädern.

Das MZ-Stammwerk in Zschopau ist heute geschlossen. Jetzt ist das Gebäude ein MZ-Zentrum mit Bowlingbahn und anderen Gewerbebetrieben. Die Wende bedeutete für den ehemals größten Motorradhersteller der Welt das Aus. Nicht gleich, denn mit viel Aufbruchsstimmung und Enthusiasmus wurden im Nachbarort Hohndorf ein modernes MZ-Werk in Betrieb genommen und neue Modelle entwickelt. Aber der Erfolg in der freien Marktwirtschaft blieb leider aus. Die erhoffte ostdeutsche Solidarität der ehemaligen DDR-Bürger mit dem Produkt aus der heimischen Region fand nicht statt. Stattdessen gingen sie scharenweise fremd und ließen sich vorzugsweise von asiatischen Schönheiten verführen.

Nun steht also unsere kleine MZ vor der alten Heimat, die inzwischen von anderen bewohnt wird. Nicht ganz, denn der alte MZ-Haudegen und mehrmalige Enduro-Europameister Harald Sturm ist zumindest dem Gebäude treu geblieben. War er schon früher als MZ-Werksfahrer erfolgreich und stets „ready to race", so ziert nun ein orangenes Emblem die Fassade, denn Ausnahmetalent Harald bläst auch heute noch im Endurosport kräftig zum Sturm. Der ehemalige Werksfahrer und ebenfalls mehrfache Europameister Jens Scheffler ist ebenfalls im Zweiradgeschäft geblieben und betreibt eine Enduroschule in Zschopau.

Die Region ist eine deutsche Hochburg des Geländesports und

richtet traditionell alljährlich im Oktober DM- oder WM-Läufe aus. Ob die MZ-Historie sich hätte positiv fortschreiben lassen, wenn die Verantwortlichen statt auf ein Straßenmodell besser auf den traditionellen Endurosport gesetzt hätten, ist Spekulation. Sicher scheint, dass Menschen wie Harald Sturm, Jens Scheffler und andere alte Sportsmänner die Marke MZ authentischer gelebt und betrieben hätten als die aalglatten Manager, die die Treuhand-Gesellschaft an Land gezogen hatte. Heute erfreuen sich andere Motorradmarken dieser Fahrer alter Schule. Der Niedergang der deutschen Traditionsmarke ist eine bittere Erfahrung der Wendezeit für alle MZ-Freunde – egal ob aus dem Osten oder dem Westen. Auch bei mir mischt sich spontan etwas Traurigkeit in die sommerliche Stimmung. Wir wollen nun die volle Wahrheit wissen und starten durch. Das Ziel ist nur fünf Kilometer entfernt: Hohndorf.

Die geschwungene Straße führt teils mehrspurig entlang des alten MZ-Geländes recht steil aufwärts. Zur Rechten erkennt man noch ziemlich genau die alten Fabrikgebäude. Relikte einer guten alten Zeit, die erfolgreich als DKW begann: 1932 war das DKW-Werk an der Zschopau weltgrößter Motorradhersteller mit eigener Seitenwagenfertigung in Berlin-Spandau. Nach dem Krieg lief die Kraftrad-Produktion von DKW im westdeutschen Ingolstadt an wieder an. Das Erfolgsmodell der Nachkriegszeit wurde ein Nachbau der genialen DKW RT 125, die auch im alten Stammwerk im Osten nun unter dem Kürzel MZ wieder das Licht der Welt erblickte. Das war nichts Ungewöhnliches, denn die Konstruktionspläne der Zschopauer gehörten zu den Reparationsansprüchen der Alliierten. Und so wurde das erfolgreiche DKW-Vorkriegsmodell RT 125 nicht nur in West- und Ostdeutschland nachgebaut, sondern auch von Harley-Davidson in Amerika, von BSA in England und in Fernost von Yamaha.

In der DDR-Zeit wurde MZ mit seinen ausgereiften Zweitakt-Kreationen aus Zschopau erneut größter Motorradhersteller der Welt. Nach der Wende 1990 wurde das Werk privatisiert und meldete 1991 Konkurs an. Danach gab es einige Versuche mit Kooperationen, die aus rechtlichen Gründen MuZ hießen. Schließlich entwickelten im Jahr 2000 die fleißigen Ingenieure ein modernes 1000-Kubik-Motorrad, sicherten sich die alten Namensrechte und alle dachten: „MZ is back"! Die Neue wurde auf der Intermot präsentiert, die Fachwelt war total neugierig. Doch unglücklicherweise konnte das Bike erst zwei Jahre nach der beeindruckenden Präsentation ausgeliefert werden und wirkte dann einerseits gar nicht mehr neu, weil es schon über zwei Jahre durch den Motorrad-Blätterwald gefahren worden war, und andererseits real noch nicht einmal richtig rund lief, weil die Motorabstimmung irgendwie nicht harmonierte. Tja …

2008 wurde die Produktion eingestellt und das neue Werk in Hohndorf wieder geschlossen. Das Fabrikgebäude bekam 2009 einen frischen Anstrich, denn zwei Zweiradenthusiasten hatten das Werk übernommen und versuchten, mit der Marke MZ neu zu starten. Ein Elektroroller war im Programm. Genial und einfach sollte er werden. Dazu kam der neu entwickelte und gut funktionierende 125-Kubik-Motor, der jetzt eine Enduro beflügeln sollte. Aber auch diese MZ-Homage fand kein glückliches Happyend. Seit Jahren steht das Werk wieder still und nur die Gerüchte um die Hintergründe des Scheiterns arbeiten rege weiter.

Eine traurige Geschichte, die viele Motorradliebhaber bewegt. Auch wenn zur Zeit wieder eine kleine Motorradmanufaktur in die neue Werkshalle in Hohndorf eingezogen ist und versucht, mit Einzelanfertigungen „Made in Zschopau" an die gute alte Endurozeit anzuknüpfen, bleibt die lange MZ-Geschichte verbunden mit einem Motorrad, dessen Herz in zwei Takten schlägt, das genial einfach und robust ist und das leicht blau qualmende Lebensäußerungen von sich gibt, die Kult geworden sind: Räng-tängtäng. Wenn ich also vom Hubraum absehe, kann ich aus tiefstem Herzen ganz ehrlich sagen: meine MZ ist ein ganz großes Motorrad.

11. ANNABERG:

Eins und eins macht zwei

Da die Sommersonne uns am Nachmittag weiterhin ihr Lächeln schenkt, satteln wir auf, um dem Horizont entgegenzureiten. Wir dringen immer tiefer ins Erzgebirge vor. Ich habe keine Ahnung, wo wir gerade sind, und denke an Luther: Hilf du, Sankt Anna, dass wir Annaberg finden werden. Und das Wunder geschieht: Noch vor Sonnenuntergang laufen wir in die Stadt Annaberg-Buchholz ein.

Ursprünglich waren das zwei Städte, die nach dem Krieg von den Sowjets zusammengelegt wurden. Mich interessiert besonders Annaberg, weil diese Stadt zu Luthers Zeiten entstand. Eine typische Bergbaustadt des Mittelalters, quasi das große Mansfeld. Hier erlebte man den Aufschwung des Bergbaus, die Blüte und das Versiegen der Quellen. Die Lebens- und Arbeitsbedingungen der Eltern von Martin Luther werden so noch anschaulicher. Die Bedingungen der Gewinnung von Bodenschätzen waren im Südharz nicht anders als hier im Erzgebirge. Unter den Bergleuten dieser Regionen gab es stets einen regen Austausch. Aber Annaberg ist im Vergleich zu Mansfeld nicht lutherisch geprägt. Politisch war Annaberg zu Luthers Zeiten von großer Bedeutung: Die Bergbaustadt galt als Dukatenesel des sächsischen Fürsten Moritz, der ja so gerne Kurfürst werden wollte. Die Sachsenfürsten waren wie schon erwähnt familiär und religiös zerstritten. Moritz blieb als Albertiner katholisch, der ernestische Teil des Kurfürsten Friedrich, zu dem auch Buchholz gehörte, wurde evangelisch. Zwischen Annaberg und Buchholz verlief damals also eine Familien-, Landes- und Glaubensgrenze.

Das war den sowjetischen Besatzern völlig egal, galt doch Religion eh nur als Opium für das Volk.

Heute ist Annaberg Hochburg des östlichen Wintertourismus und eine typische Stadt des Erzgebirges. Eine Übernachtung drängt sich auf. Allein schon, um aus den schweren Motorradstiefeln herauszukommen, denn die Stadt liegt wirklich am Berg. Alle Gassen gehen steil auf- oder abwärts. Da gelingt das Sightseeing besser ohne schwere Motorradmontur. Denn es gibt viel zu entdecken. Besonders über die Kunst des Bergbaus erfahre ich einiges. Wollte ich in Norddeutschland so tief graben, kämen mir im Stollen Fische entgegengeschwommen. Einzigartig ist die St. Annenkirche, denn ich habe zuvor noch nie ein Gotteshaus gesehen, in dem alle Bänke längs zum Altar stehen. Der Blick auf die holde Nachbarin schien den männlichen Erbauern wohl spannender als der auf den zelebrierenden Priester vorn im Altarraum. Ich höre geradezu, wie die evangelischen Buchholzer damals wetterten: Ja, so sind die Katholiken!

Alle erfolgreichen traditionellen Wirtschaftszweige der Stadt sind heute erlahmt. Silber- und Urangewinnung, Klöppeln und Spitzenherstellung sind eingestellt. Einzig die Großbäckerei schafft neben dem Kleingewerbe Arbeitsplätze. Die Geschichte meines Hotels, informativ für die Gäste zu Papier gebracht, mag die jüngere Entwicklung Annabergs widerspiegeln: 1887 gebaut, blieb es wie durch ein Wunder 1945 vom Bombenangriff verschont, nach dem Krieg zog das russische Militär in das Gebäude ein, nach dessen Abzug wurde das Hotel wieder als Familienbetrieb geführt, 1978 kam die Verstaatlichung durch die DDR, nach der Wende 1990 wieder die Privatisierung. Heute ist die zentral gelegene nette Bleibe wieder mit familiärer Atmosphäre. Das Gespann kann überdacht im Hof parken und auch Tölpel ist herzlich willkommen. Hier fühlen wir uns auch als Protestanten wohl. Ökumene kann so einfach sein, wenn das gemeine Volk frei entscheiden darf.

1522 kam der Zeitgenosse Luthers, der Rechenmeister Adam Ries, nach Annaberg und wirkte dort bis zu seinem Tod mit 58 Jahren. Getroffen haben die beiden sich nie. Wäre wohl auch nicht gut ausgegangen. Denn interessanterweise hatte Luther einen inneren Vorbehalt gegenüber des Rechnens – es war ihm zu weltlich und politisch hatte er große Bedenken gegenüber dem aufkommenden Geldhandel. Auch wenn Luther die Volksweisheit zitierte: „Wer einen Pfennig nicht achtet, wird keiner Gulden Herr", konnte seine Käthe ein Lied davon singen, dass ihr Mann Martin kein Rechenmeister sein wollte. Einmal gab Luther die Selbsterkenntnis zum Besten: „Ich mag nimmer rechnen, es macht einen gar verdreht."

Ich bin am nächsten Morgen auch ganz verdreht, denn auf der Suche des im Fremdenverkehrsplan ausgewiesenen Aussichtsplateaus auf dem Pöhlberg fahre ich komplett in die Irre. Dabei wollte ich nur ein Foto dieser grandiosen Landschaft knipsen. Es heißt ja „Morgenstund hat Gold im Mund." Stattdessen stehe ich mit dem MZ-Gespann im wahrsten Sinne des Wortes im Wald. Mir fehlt der Durchblick. Schon wieder? Vor lauter Bäumen sehe ich den Pöhlberg nicht. Hier hilft auch kein Navi, denn eine Wanderkarte vom Erzgebirge ist nicht aufgespielt. Auch St. Anna hilft heute Morgen nicht. Da ein Wendemanöver mit dem Beiboot auf dem engen Trampelpfad nicht sinn- und aussichtsvoll erscheint, fahren wir mutig weiter durch die unbekannte tiefgrüne Botanik. Tölpel findet das gut und steht im Beiwagen wie eine schwanzwedelnde Galionsfigur, das Abenteuer wahrscheinlich als morgendliche Geruchsoffensive deutend. Das MZ-Gespann beweist dabei echte Enduro-Qualitäten. Trotz der Tatsache, dass ich überhaupt nicht weiß, wie es weitergeht, kommt bei diesem ungewollten Abstecher in die Natur Spaß auf. „Gott ist mit die Doofen", denke ich und schaukele das Gespann voller Gottvertrauen immer tiefer in den Wald hinein. Würde jetzt ein spontanes Sommergewitter losbrechen, würde ich doch ein wenig nervös werden und vielleicht ähnlich wie Luther damals demütig zu Boden gehen.

Tut's aber nicht. Am Ende treffen wir am Waldrand auf eine kleine stark abschüssige Lichtung. Hier könnte man, wenn man das Gespann falsch einlenkt, ruckzuck umkippen. Also vorsichtig über die schattig feuchte Wiese in ziemlich schräger Hanglage zurück, immer am Waldrand entlang. Tölpel findet solche Naturtouren besondere klasse, denn ihre Nase liest neugierig unaufhörlich die Geruchsnachrichten der sächsischen Wildnis. Als eine steil abschüssige Wiese mit Traktorenspuren zu weit entfernten Häusern im Tal führt, lenke ich entschlossen ein und wir sausen auf dem Rasen in die tiefe Tiefe des erzgebirgischen Tales. Unten sicher angekommen, empfängt uns weder Bauer, Förster noch Volkspolizei, so dass wir ganz entspannt den Weg auf öffentlichen Straßen fortsetzen können. Vorher schicke ich noch ein kleines Dankgebet in den hellblauen Morgenhimmel. Der Tag fing ja gut an. Da hier die Republik endet, geht es nur westlich oder östlich weiter. Als technisch interessierter Theologe fahre ich gen Westen in die Hochburg des sächsischen Automobilbaus.

12. AUE:

Die Gedanken sind frei

Vom albertinischen Annaberg fahren wir ins ernestische Buchholz. Im protestantischen Stadtteil tanken wir Sprit für die MZ und gekühltes Wasser für die dauerdurstige Besatzung. Es ist gerade einmal 11.00 Uhr und schon wieder brütend heiß. Ein Bilderbuchsommer. Beim routinemäßigen Überfliegen der aufgetankten Maschine merke ich, dass sich unterhalb des separaten Zweitaktöltanks Schmiere gebildet hat, an der nun der Dreck klebt. Dreck – das geht gar nicht. Luthers Käthe wäre stolz auf mich, denn hier unterscheide ich mich doch vom großen Reformator, da ich auch zu Hause gerne Ordnung halte. Obwohl das meine Gattin anders sieht. Ein immer wiederkehrendes Phänomen des Miteinanders von Mann und Frau, egal ob im Mittelalter oder in der Gegenwart.

Jedenfalls: Bei genauer Betrachtung stelle ich fest, dass das kleine Bullauge im Öltank zur Sichtkontrolle des Ölstandes tränt. Sind das die öligen Emotionen des freudigen Wiedersehens der alten sächsischen Heimat? Oder vielleicht ein überschwänglicher Ausdruck von mobiler Freude über den morgendlichen Ausritt in die wilde Natur des Erzgebirges? Ich vermute eher eine Verhärtung der sozialistischen Plaste, so dass das Sichtfenster nicht mehr ganz dicht ist. Alterserscheinung. Das Problem kenne ich. Aber: Gefahr erkannt, Gefahr gebannt. Da noch genug Zweitakt-Öl im kleinen Tank ist, fahren wir einfach weiter. Von Buchholz über die schöne B 101 nach Aue. Die Öl-Frage werden wir später klären.

Was weiß ich über Aue? Luther war zumindest nicht hier.

Spontan kommt mir nur der Fußballverein in den Sinn, der als leidenschaftlicher Amateur-Club so manchen millionenschweren Bundesligisten in der Pokalrunde das Fürchten gelehrt hat. Ist das nicht interessant, was einem bei manchen Orten so in den Sinn kommt? Vor 30 Jahren hauste hier noch der Klassenfeind hinter dem eisernen Vorhang. Propaganda gab es ja nicht nur im Osten, sondern auch wir im Westen wurden stetig auf die politische Lage linientreu eingestimmt. Dass die Menschen in der DDR nicht so schlecht sein konnten, wie oft im Westen die Politiker behaupteten, zeigte mir schon 1983 meine erste MZ. Wer mit viel persönlichem Enthusiasmus, mit wenig wirtschaftlichen Möglichkeiten so ein ehrliches Motorrad baut, der kann kein schlechter Mensch sein. Sie kleine ETZ war genial und einfach. Großer Tank, Kettenkasten, alltagstauglich. Mobilität pur. Da ich in Westdeutschland noch mit Zündapp, Kreidler, Hercules und Maico groß geworden bin, war mir der Zweitakter seit Schülerzeiten vertraut. Zwar sind auch diese westlichen Traditionsmarken inzwischen von der großen Motorradbühne verschwunden, aber in meinem Herzen zünden sie noch immer.

Die MZ ETZ war mein erstes fabrikneues Motorrad. Mann, was war ich stolz. Eine Solomaschine in Blau. Das Westmodell mit erwähnter Getrenntschmierung und einer Hightech-Scheibenbremse vorn. Auf dem DDR-Markt war dieser Exportschlager so nicht zu kaufen, der Hingucker auf dem Parkplatz des Gymnasiums. In Westdeutschland wurde sie imageschädlich im Kaufhaus angeboten oder beim autorisierten MZ-Händler fachmännisch verkauft. Diese waren aber diesseits der Mauer spärlich vertreten. Ich erfüllte mir meinen Jugendtraum deshalb in Dänemark. Nach dem Erwerb dort importierte ich die ETZ dann selbst wieder zurück nach Deutschland. Das klingt etwas verrückt, war aber interessanterweise günstig. Dank der Gesetze des globalen Marktes. Da die Dänen auf Neufahrzeuge nicht nur Mehrwert-, sondern auch Luxussteuer berappen müssen, werden Autos und Motorräder dort netto günstiger verkauft als in Deutschland. Als deutscher Käufer musste ich keine dänische Mehrwert- und Luxussteuer zahlen, sondern die MZ bei Einführung in das Heimatland an der bundesdeutschen Grenze verzollen, was nichts anderes heißt, als auf den Preis des Neufahrzeuges die deutsche Mehrwertsteuer zu entrichten. Dazu kam später noch eine Unbedenklichkeitsbescheinigung des Kraftfahrtbundesamtes (KBA), das seinen Sitz um die Ecke in Flensburg hat. Danach erfolgte die TÜV-Abnahme, zu der nur eine zweite Feder an den Hauptständer montiert werden musste, denn diese Vorschrift gab es weder in der DDR noch in Dänemark.

Wir verbrachten acht tolle Jahre miteinander. Erlebten die Abi-Feier und die Zivildienstzeit zusammen. Dann brachte sie mich durch den isolierten Osten nach Westberlin, wo ich anfangs studierte. An der Grenze immer das gleiche Prozedere: „Reisepass bitte!" Schweigen. „Fahrzeugpapiere bitte!" Akribische Betrachtung. Dann die zufriedene Bemerkung: „Ist ja auch nicht schneller als bei uns!" Danach ein leichtes Lächeln des DDR-Bürgers in Uniform und die Frage: „Und zufrieden?" Ich hatte als Wessi mit der MZ nie Probleme an der Grenze. Nur vom Vorposten wurde ich stets angehalten, damit er einmal auf das Nummernschild gucken konnte. Mit meinem BRD-Kuchenblech ging es dann ohne Probleme weiter.

MZ-Händler meines Vertrauens war damals Peter Sauer. Der Gespann-Sauer. Wahrscheinlich habe ich mich dort zu dieser Zeit mit dem gemeinen Gespannvirus infiziert, der bis heute bei mir sein Unwesen treibt und gegen den kein Kraut gewachsen ist, außer man lässt ihn gewähren und gibt ihm eine tägliche Dosis

Fahrzeit. Später verkaufte ich die ETZ an einen Studienkollegen, weil ich unbedingt eine größere BMW haben wollte. Dieser Fehler war leider nicht wieder gut zu machen. Umso mehr genieße ich nun meine aktuelle MZ. Und Aue, speziell den Marktplatz. Denn dort gibt es ein Café mit – genau – lecker Eiscreme für mich und frischem Wasser für Tölpel. Ein Bilderbuchsommer.

13. ZWICKAU:

Die schwärmerische Autostadt

1520 kam Thomas Müntzer in diese Stadt, um das Evangelium zu predigen. Luther hatte ihn empfohlen. Bis dahin waren die beiden sich noch einig. Müntzer schloss sich dann jedoch den Zwickauer Propheten an, die sich auf ein göttliches Inneres Licht beriefen und den kirchlichen Sakramenten keinerlei Achtung mehr schenkten. Die Frömmigkeit dieser prophetischen Volksbewegung erschöpfte sich nach ihren Vorstellungen allein im Handeln. Das rief Martin Luther auf den Plan. 1522 kam er nach Zwickau. Und zwar auf Wunsch des Bürgermeister Mühlfort, dem der Reformator freundschaftlich verbunden war. Martin predigte in allen Stadtkirchen und sogar aus dem Rathausfenster hinunter zu den vielen wartenden Bürgern auf dem Marktplatz. Selbst aus Annaberg waren verunsicherte Menschen mit Fragen im Gepäck angereist, um den berühmten Professor aus Wittenberg predigen zu hören. Doch selbst Luther konnte die aufgeheizten Volksgemüter mit seinen engagierten Auftritten nicht besänftigen. Er entkam nur knapp einem Mordanschlag und konnte sich gerade noch in einer Kneipe in Sicherheit bringen. Danach soll er gesagt haben, dass dieser Ort sein Paradies gewesen sei, so dass die Gaststätte so benannt wurde.

Es kam zu Aufständen und zum Bildersturm der Schwärmer, wie Martin Luther diese Frömmigkeit theologisch kritisch und persönlich ablehnend nannte, wobei viele Kirchen und etliche Klöster geplündert wurden. Thomas Müntzer selbst war schon vorab Richtung Südharz abgewandert und hisste mit den Bauern dort den Bundschuh. Im Bauernkrieg wurde dann die arme

Schwärmerschar 1525 gnadenlos niedergemacht, wie wir aus Bad Frankenhausen wissen. Martin Luther hatte gehofft, die soziale Frage mit spirituellem Zusammenhalt der Massen zu lösen. Leider war die Masse der Unterjochten nicht zu einigen und sowohl der Reformator persönlich als auch das Ideal der Freiheit erlebten eine derbe Niederlage.

Die Ordnung setzte sich letztendlich in Zwickau wieder durch und 1525 wurde die Reformation, die in Wittenberg schon ausgerufen war, auch hier eingeführt. Damit war Zwickau die zweite evangelische Stadt. 1529 führte man eine lutherische Kirchenordnung ein, die die Gnade Gottes allein aus dem Glauben verkündigt – nicht allein aus Werken, wie die Schwärmer dachten.

Ich erinnere mich noch gut an ein Seminar in dem Fach Kirchengeschichte an der Universität. Der Professor versuchte, uns jungen Theologen die Unterschiede zwischen katholischer, lutherischer und schwärmerischer Auffassung zu erklären. Am Ende der Stunde rief ein Student erleichtert: „Jetzt habe ich's begriffen!" Sicherheitshalber fragte der Professor nach, was er verstanden hatte, und der Nachwuchstheologe antwortete fröhlich: „Eigentlich ist es ganz einfach! Die katholische Kirche will keinen Sex, die Schwärmer wollen uneingeschränkten Sex und Martin Luther predigt safer Sex." Totenstille im Hörsaal. Nach kurzer Besinnung antwortete der Gelehrte der Kirchengeschichte: „Wenn Sie sich die zugegebenermaßen diffizilen theologischen Sachverhalte der Reformationsgeschichte mit dieser prägnanten Zusammenfassung merken können, ist das wunderbar. Ich rate Ihnen allerdings davon ab, dieses Gleichnis für eine theologische Prüfung zu verwenden." Diese Antwort war sehr professionell und echt cool!

Tölpel und ich fahren Richtung Innenstadt und erleben nur nette Verkehrsteilnehmer. Autofahrer halten neben uns an der

Ampel und recken ihren Daumen in die Luft. Mütter stehen mit ihren Kindern am Straßenrand und winken uns zu. Tölpel im Seitenwagen ist eindeutig die Sympathieträgerin auf der Reise. Typisch Frau. Für das entspannte Miteinander im Citychaos ist so ein „shaming girl" perfekt. Ich freue mich riesig, dass sie dabei ist. Hoffentlich sie auch. Aufgrund unserer vielen Botanikausflüge mit all den Schnupperangeboten bin ich mir sicher, dass ihr unsere Reise gefällt. Sie sitzt ganz entspannt auf dem Beiwagensitz und lässt sich den warmen Wind dieser sommerlichen Tage um die Nase wehen. Ich merke, wie sie sich einen idealen Platz und eine angenehme Sitzposition sucht, bei der sie keine Luftverwirbelungen stören. Bis zirka 60 km/h sitzt sie aufrecht im Beiboot und trotzt dem heranstürmenden Wind. Dann weht ihr Fell im Gesicht stramm zurück und sie ähnelt einem Windhund. Bei höherem Speed lehnt sie sich etwas zu mir und schaut zwischen Motorrad und Seitenwagen auf die Fahrbahn. Erschrocken war ich beim ersten Mal, als ich sah, dass ab 80 km/h sich ihre Lefzen vom Wind heben und ihr ganzes Gebiss freiliegt. Das sieht ziemlich gefährlich aus. Nachdem ich mich daran gewöhnt habe, muss ich nun bei dem Anblick schmunzeln und nenne sie nach alter Indianersitte: „Die in den Wind knurrt". Zur Zahnpflege ist dieser tierische Airbrush bestimmt gut.

Gelassen folgen wir der Ausschilderung zum August-Horch-Museum. Mit Hitzestau im Anzug und vor allem in meinen Membranstiefeln betrete ich das großzügige Foyer des eleganten Automobilmuseums, das mich an ein Vier-Sterne-Hotel erinnert, und fühle die kühle Air Condition. Sofort bemerke ich den internationalen Standard eines global agierenden Konzerns. Alles wirkt wie in einer kühlen Bank. Geht es hier auch nur ums Geld? Die adretten Damen in der Rezeption sind sehr freundlich, wirken aber etwas unterkühlt. Vielleicht sollte ich ihnen

Membranstiefel empfehlen? Sie weisen mich höflich darauf hin, dass keine Hunde zur Ausstellung zugelassen sind. Leider machen sie mir kein Angebot, Tölpel kurz im Foyer zu beherbergen, damit Herrchen seinem technischen Kulturtrieb folgen kann. Doch hier in der Kühle eines Weltkonzerns gelangt sogar der tierische Charme Tölpels an seine Grenzen. Also bleibt nur der Rückzug in die Hitze und das Mitnehmen von Informationsmaterial.

Zwickau ohne Kenntnisnahme der schillernden Geschichte des Automobilbaus zu beschreiben, wäre nur eine halbe Sache. Bereits 1904 gründete hier August Horch sein erstes Autowerk. Durch interne Unstimmigkeiten wurde von August Horch 1909 noch ein zweites Werk gebaut. Die boomende Automobilszene trieb ordentlich Blüte. Auch DKW versuchte in Zwickau sein Glück auf vier Rädern als Tochtergesellschaft der Audi-Werke, die schon 1915 in eine Aktiengesellschaft umgewandelt wurden. Der große Erfolg blieb allerdings aus und somit wurde fusioniert: Aus DKW, Horch, Audi und Wanderer entstand die Auto Union mit dem Markenzeichen der vier Ringe, die bis heute als Logo geblieben sind. Von nun an war DKW wieder eine reine Motorradschmiede. Von 1934 bis 1940 arbeitete unter anderem Ferdinand Porsche hier im Werk.

Nach dem Krieg kam die Zeit des VEB Sachsenring Automobilwerk Zwickau. Ab 1955 lief dort der Volkswagen der DDR namens Trabant vom Band. Ein echtes Unikum mit Zweitaktmotor. Und haltbar: Ein Freund von mir fuhr nach der Wende mit solch einem Trabant in die Sahara. Heute produziert in Zwickau der Volkswagenkonzern. Er hatte 1964 die Auto Union übernommen, innerhalb des Konzerns dafür den Produktnamen AUDI gewählt und die Marke mit den vier Ringen ausgestattet. Heute wird global geplant und mit internationalem Standard werden Kraftwagen mit Viertaktmotoren gebaut. Viel erfolgreicher als das alte Zweitaktzeugs, aber für mich auch irgendwie emotionsloser.

Obwohl es mich reizt, noch ein kurzes Stück nach Hohenstein-Ernstthal zu fahren, um den legendären Sachsenring zu begutachten, entscheide ich mich für den Besuch der Marienkirche in der Innenstadt. Ich bin ja auf Luther-Tour. Immerhin haben hier damals sowohl Thomas Müntzer als auch Martin Luther gepredigt. Wir stellen das Gespann in der Innenstadt ab und wandern durch die Fußgängerzone, die aussieht wie in allen Städten. Tölpel und ich sind etwas gelangweilt und begreifen nicht, dass es immer noch Menschen gibt, die sich bei diesem super Sommerwetter zum Einkaufsbummel motivieren lassen. Liegt es an der Air Condition? Oder am kühlen Geld? Der Zwickauer Dom jedenfalls, wie das alte kirchliche Gemäuer auch genannt wird, ist das wahre Schmuckstück der Innenstadt, in dessen Schatten einige nette Kneipen liegen. Das Paradies finden wir allerdings nicht. So laufen wir in einem weiten Bogen zurück zum Motorrad und sind froh, dass noch alles aufgesattelt ist, denn ich hatte sogar das Navigationsgerät im Tankrucksack gelassen. Aber die Zwickauer waren ja schon zu Luthers Zeiten bekannt für Anstand, Zucht und Ordnung – von der kurzen Zeit des Schwärmens einmal abgesehen. Es scheint sich diesbezüglich nichts geändert zu haben.

14. SCHLEIZ:

Das weltberühmte Dreieck

Wenn schon nicht Sachsenring, dann aber bitte das Schleizer Dreieck. Die älteste Naturrennstrecke Deutschlands. Über Greiz und Zeulenroda erreichen wir nach angenehmer Fahrt mit Luftkühlung auf der Landstraße den international bekannten Rennkurs. Jetzt sind wir in Thüringen. In der legendären Herberge Luginsland am Streckenrand machen wir ein Päuschen und genießen neben Kaffee das Interieur, an dem ich mich nicht satt gucken kann. Überall liegt oder hängt etwas herum, das über die Geschichte des Dreiecks erzählt. Hier ist der Rennsport an allen Ecken und Wänden zu erleben, denn die ersten Fahrten auf dem Dreieck fanden schon 1923 statt. Ein Motorrad steht im Eingangsbereich, viele Fotos mit Unterschriften alter Rennsportidole hängen in der Gaststätte und eine Horde Holländer bucht sich gerade im Hotel ein, um der berühmtesten Rennstrecke des Ostens ganz nah zu sein. Das Flair ist großartig. Dieses Haus beziehungsweise diese Familie, die es in der vierten Generation betreibt, hat schon viele Rennen erlebt und kann jede Menge Benzin erzählen. Gerade die Geschichte der deutsch-deutschen Teilung war ein diplomatischer und wirtschaftlicher Seiltanz. Er hat sich gelohnt: Die Atmosphäre des alten Anwesens ist einmalig.

Nach langer Pause fahren wir Richtung Kreisstadt Schleiz. Die Bundesstraße ist ein Teil der Rennstrecke Schleizer Dreieck. Rechts und links sind immer wieder abzweigende Teilstrecken zu sehen, die zum Rennkurs gehören. Da sie zugänglich sind, nehmen wir die Einladung dankend an und drehen eine ganze

Runde. Der Kurs hat sich aufgrund von Lärm- und Sicherheitsbestimmungen über die Jahre verkleinert, da die bewohnten Etappen annulliert wurden. Spaßeshalber düse ich vor der Tribüne am Ende der Start- und Zielgeraden mit dem Gespann ins Kiesbett und grabe den Hinterreifen bis zur Radnabe ein. Fotoshooting. Tölpel ist ob der fliegenden Kieselsteine etwas irritiert. So fahren wir ja sonst nicht.

Als ich das Gespann wieder auf die Bahn gewuchtet habe, wird das Dreieck bei einer weiteren Runde von Tölpel beschnuppert, denn mittendrin stehen Wiesen und Getreidefelder. Es ist ein buntes, sommerfrohes Farbenspiel; die hellgrünen Wiesen, die gelben Felder und die rotweißen Curbs der Rennstrecke.

Nachdem wir uns satt gesehen, gerochen und gefahren haben, besuchen wir einen engagierten Kollegen, den ich durch die christliche Bikerszene kenne. Er fährt auch eine „Emme", wie die MZ von ihren Liebhabern gerne tituliert wird. Er nennt eine solo TS und ein ETZ als Gespann sein eigen.

Da, wo zwei oder drei MZ-Motorräder versammelt sind, spricht man vom Emmenrausch und Benzingespräche – mit leichtem Ölgeruch – kommen auf. So stehen auch wir zusammen beim lokalen Bierchen und betrachten diese geniale wie einfache Ingenieurskunst des Ostens. Da das tränende Schauglas meines separaten Öltankes zwei kleine Bohrungen aufweist, sind wir der Meinung, ohne es in irgendeinem Schrauberhandbuch zu verifizieren, dass dieses Teil ein Gewinde haben müsste. Das würde logisch zum einfachen Aufbau der Maschine passen. Also Sperrringzange raus und vorsichtig gedreht. Es bewegt sich tatsächlich. Eine achtel Drehung soll genügen, denn nach fest kommt ab. Alte Schrauberweisheit. Nun ist das Ding bestimmt wieder dicht, ich bin begeistert. Aber mein MZ-erfahrener Kollege vor Ort, der seine Motoren selbst im Keller auseinanderschraubt, will noch nicht in meinen Jubel einstimmen und verweist auf den nächsten Tag.

Und tatsächlich: Am Morgen wische ich über das Bullauge und habe ein wenig Öl am Finger. Mist. Das Gespann-Kollege hatte also doch Recht. Also muss ein neuer Dichtungsring her. Der sachkundige MZ-Pastor hat natürlich eine große Auswahl parat. Wir bauen zuerst eine Rampe im Hinterhof, um das Gespann schräg zu stellen, so dass der Inhalt des Tanks vom Sichtfenster weicht. Dann beginnt in der Samstagmorgensonne auf der schiefen Ebene die Operation am offenen Tank.

Ich schraube das Schauglas vorsichtig heraus. Es ist samt und sonders aus Plaste. Als Dichtung dient ein flacher Ring aus Papier. Könnte auch ein Stück Eierkarton sein. Auf jeden Fall noch das Original. Und genau das fehlt im Dichtungsringsortimentkasten. Also wähle ich einen runden Gummidichtungsring, der über das groschengroße Gewinde passt, und schraube das Plastteil vorsichtig wieder ein. Beim letzte Dreh gibt es ein vernehmbares Krachen – der Kopf des Schauglases hängt an der Zange, während das Gewinde noch im Tank steckt. Das habe ich ja super gemacht! Mit dem kleinen Finger kann ich zum Glück das Gewinde langsam herausdrehen, so dass nichts in die offene Wunde gerät. Auch mein kleiner Finger bleibt unverletzt.

Sofort wird die solo TS angeschmissen, um den Zweirad-Händler in der Nachbarschaft zu besuchen, der gut sortiert Ersatzteile für alte Ostböcke der ornithologischen Gattung Sperber, Spatz und Schwalbe vertreibt. Auch für das DDR-Luxusschiff MZ ETZ hält er Teile parat. Ob allerdings ein Ölschauglas für den separaten Öltank eines Exportmodells im Regal liegt? Ungeduldig erwarte ich die Rückkehr meines Kollegen und werde angenehm überrascht: Er übergibt mir das neue Ersatzteil mit dem tröstenden Gruß des Händlers: Bekannte Schwachstelle.

Statt Plaste halte ich jetzt eine edle Messingschraube in Händen, sogar mit Schauglas. Ich drehe sie voller Stolz hinein, weil das Ganze jetzt wirklich ein Bullauge ist. So sehen die Fenster in den alten Segelschiffen bei uns an der Küste aus. Dieses maritime Teil passt hervorragend zu mir und der MZ.

Schleiz selbst ist eine Stadt mit weniger als 10.000 Einwohnern. Früher hatte sie ein Schloss, heute nur noch eine Ruine. Es gibt eine Kirche in der Innenstadt und eine viel besuchte Bergkirche am Rande. Alles wirkt sehr be- und überschaulich. Wir fahren zur Abendentspannung mit unseren Dreirädern an den Stadtrand. Einer der Seitenwagen ist voll mit diversen Lenkdrachen. Genosse MZ-Kamerad hat nämlich noch andere Leidenschaften. Wir wollen den Abendwind nutzen, um die bunten Schirme in den Himmel steigen zu lassen.

„Wer MZ fahren kann, der kann auch einen modernen Drachen steigen lassen." Mit dieser Behauptung des Freundes bekomme ich zwei Griffe in die Hand, an denen über 20 Schnüre zu einem zirka acht Quadratmeter großen bunten Schirm in luftiger Höhe führen. Der Drachen tanzt am blauen Himmel und ich schwitze unten auf dem Feld. Krafttraining pur. Je nachdem wie die zirka 30 Zentimeter langen Griffe gehalten werden, bewegt sich der Drachen in weiten Schwüngen. Gleitet er nach rechts, halte ich unten gegen. Stürzt er in die Linkskurve, pariere ich mit Gegendruck, um einen Absturz zu verhindern. Ich bin auf einmal wieder Kind und gute 40 Jahre jünger.

Übung macht ja angeblich den Meister. Gerade als ich denke, jetzt hab ich's drauf, jetzt kann ich diesen Drachen fliegen, stürzt er einfach so ab. Obwohl das Feld riesengroß ist und unsere zwei MZ-Gespanne unauffällig herumstehen, sucht sich dieser verdammte Drachen ausgerechnet meine Maschine als Absturzstelle aus und verhüllt sie mit seinem bunten Schirm. Wie auf einer großen Motorradmesse, wenn ein neues Modell der Öffentlichkeit präsentiert wird.

Nachdem alle Schnüre entwirrt und die Drachen wieder verpackt sind, geht es auf ein Bier in die Stadt. Doch bevor das Kaltgetränk kommt, kommt noch einmal eine Abendrunde auf dem legendären Schleizer Dreieck. Mann ist das genial, wenn die Rennstrecke gleich vor der Tür liegt und öffentlich befahrbar ist! Wir rauschen mir unseren Emmen einen Abendturn, Tölpel macht sich hervorragend als Schmiermäxin. Nach einem wunderbaren Tag mischen sich an diesem Abend zum Bier ölige Benzingespräche gewürzt mit luftigen Drachengeschichten.

15. COBURG:

Ein Veste Burg ist unser Gott

Ohne Zweitaktöltränen zu vergießen, verlässt unsere MZ Schleiz und fährt weiter Richtung Westen. Wir kreuzen die A9 Berlin/München, dann die Saale, die hier aufgestaut wird. Die Landschaft erinnert mich an Norwegen. Eine Traumgegend. Wir nutzen die ganz kleinen Straßen und lassen das Navigationsgerät ordentlich arbeiten, weil es ständig neu berechnen muss. Das hätte Adam Ries begeistert, Luther aber wäre bei soviel Rechnerei ganz verdrießlich geworden.

Die Wetterprognosen sind heiß, die Menschen wollen nur noch Abkühlung. Überall, an jedem Baggerloch, See oder Schwimmbad stehen Autos massenhaft auf der Fahrbahn, weil der normale Parkplatz schon am Morgen nicht mehr ausreicht.

Meine originale alte DDR-Autokarte bestätigt uns hinter Lehesten die Ausreise aus den neuen Bundesländern, doch ich kann nichts mehr von einer Grenze erkennen. Keine Schneise, kein Zaun, kein Todesstreifen und kein Hinweisschild, was hier früher war. Es ist, als ob es nie eine DDR gegeben hätte. Aber es gab sie wirklich, und wir fahren ja gerade mit einem Zeitzeugen durch die ehemalige Zone. Gerade Richtung Sonneberg, das früher wie eine geografische Spitze des Kommunismus weit in den dekadenten Staat der westlichen Bourgeoisie hineinragte. Angeblich sollen dort einige Flüchtlinge „nach drüben gemacht" haben, sich aber verirrt und wieder auf DDR-Gebiet gelandet sein.

Als Wahl-Westberliner mit Mauererfahrungen habe ich noch die Bilder der traurigen Teilung im Gedächtnis, genauso wie die bitteren Geschichten von gescheiterten Fluchtversuchen. Vieles kam ja erst gar nicht ans Licht der Öffentlichkeit. Nein, es war lange nicht alles genial und einfach in der DDR. Man meinte es ja eigentlich gut: Ein sozialer Arbeiter- und Bauernstaat, in dem alle Bürger gleich behandelt werden sollten. Quasi eine Synthese von Martin Luther und Thomas Müntzer. Das konnte bisher noch kein Staat auf der Welt realisieren. Doch war die politische Umsetzung einer kommunistischen Genossenschaft einfach schlecht gemacht. Der ständige Ausbau des staatlichen Zugriffes nach der großen Entprivatisierungswelle, gepaart mit der unmenschlichen Überwachung durch die Staatssicherheit entfremdete die Menschen von der Politik. Der real existierende Kommunismus verlor die Menschen, für die er eigentlich da sein wollte. Statt in Freiheit lebte man in einer unwürdigen Mangelwirtschaft. Viele Gedenkstätten erinnern an diese trübe deutsch-deutsche Zeit, in der sich unser Land samt seinen Volksvertretern nicht einig war. Einigkeit und Recht und Freiheit blieben auf der Strecke.

Auch die Wiedereinreise in das alte Grenzsperrgebiet Sonneberg ist ohne historische Entdeckung. Auch hier erinnert nichts mehr an die geteilte Zeit, nur mit geschultem Blick kann man an Ortsnamen und Häuserstil erahnen, wo damals die Menschen getrennt wurden und der Kontakt staatlich verordnet eisern war. Sonneberg selbst ist eine kleine Stadt mit bewegter Geschichte. Sie war Weltspielwarenstadt, dann Außenkommando des KZ Buchenwald und VEB Kombinat Spielwaren Sonneberg. Jetzt ist sie wirtschaftlich und politisch eng verbunden mit der Nachbarstadt Neustadt bei Coburg. Ein Stück weiter gelingt uns die Einreise nach Westen beziehungsweise Süden problemlos. Früher war diese Region Zonenrandgebiet. Jetzt informiert ein großes Hinweisschild an der Straße über die besondere deutsch-

deutsche Geschichte: „Hier waren Deutschland und Europa bis zum 25. November 1989 um 18 Uhr geteilt."

Schon vom Weiten ist auf den Höhen die Veste Coburg sichtbar. Hier musste Luther 1530 einkehren und abwarten, was er schon typbedingt nicht gerne tat. Damals in jener Situation schon gar nicht, denn er musste seine Gefährten ziehen lassen. Coburg war einst der südlichste Zipfel des ernestischen Sachsens, wo der geächtete Reformator Luther Schutz des Landesfürsten genoss. Weiter südlich jedoch war sein Leben schutzlos der politischen Willkür ausgeliefert. So ließ der protestantische Tross, der nach Augsburg zum Kaiser zog, sicherheitshalber den Chefdenker in sicherer, seit 1524 reformatorischer, Region zurück. Martin Luther war nicht begeistert. Fast genau sechs sommerliche Monate wartete der fromme Weltveränderer wider Willen hier in Coburg auf die Dinge, die im fernen Augsburg beim Reichstag geschehen sollten. Eine höchst brisante politische Zeit für Deutschland und eine große mentale Herausforderung für den Theologen aus Wittenberg. Er schrieb an seinen Sohn Hans, der Geburtstag hatte, einen sehr liebevollen Brief, der Martin Luther sowohl als souveränen Lehrmeister als auch als ungeduldigen Menschen ausweist. So tatenlos hier auf der Veste festzusitzen und der Dinge harren zu müssen, die da aus Augsburg kommen würden, war nicht sein Ding. Er hatte ordentlich Heimweh.

Heute ist Coburg eine Hochschul- und Europastadt. Als wir in den Kern fahren, ist auf einmal die Straße total verstopft. Nur noch parkende Autos soweit das Auge reicht. Beim vorsichtigen Durchschlängeln der Blechlawine stoßen wir auf die Ursache des Autokorsos: ein überfülltes Schwimmbad.

Die Veste hat ein Lutherzimmer vorzuweisen und ist angeblich die zweitgrößte erhaltene Burg Deutschlands. Wir sind beeindruckt. Hinterher parken wir im Tal vor einem schattigen Lokal. Das Land Bayern begrüßt uns landestypisch mit einem schönen Biergarten. Ganz wichtig: Die Leute hier nennen sich Franken. Man sollte sie keinesfalls als Bayern bezeichnen. Das mögen sie gar nicht.

Es ist früher Nachmittag, wir sind durstig und das Thermometer, das im Biergarten an einem Baum hängt, weist 34 Grad aus – im Schatten. Wir fragen uns, was wir uns heute noch zumuten wollen? Sollen wir bleiben, das heißt, ein kühles Hotelzimmer suchen, dann herrlich eine Dusche nehmen, um danach ein frisches T-Shirt überzustreifen. So hätten wir noch Zeit, in den kühleren Abendstunden die Veste Coburg zu erklimmen. Oder sollen wir weitertakten mit großem Rängtängtäng, weil der Süden wartet? Nach einer Flasche Wasser, einem frischen Salat und einem aufmunternden Kaffee sind unsere Kräfte soweit regeneriert, dass der Kickstarter einen beherzten Tritt bekommt und wir uns, wie damals der historische protestantische Tross mit Melanchthon, Richtung Nürnberg in Bewegung setzen. Wir ziehen weiter, lassen allerdings hier nichts und niemanden zurück.

16. NÜRNBERG:

Alles hat seine Zeit

Gut 100 Kilometer fahren wir von Coburg nach Nürnberg, das Navi arbeitet im Modus „schnellste Zeit ohne Autobahn". Auf der Bundesstraße 4 rauschen wir durch beschauliche Landschaften Richtung Süden. Um nicht durch die City von Bamberg gelotst zu werden, biegen wir nördlich der Stadt gegen die Anweisung des modernen Minicomputers im alten Tankrucksack auf die Autobahn ein. Ab Bamberg-Süd gibt es wieder Landstraße und hinter dem Main-Donau-Kanal eine runde Zahl: Der analoge VEB-Tacho zeigt die ersten 1.000 Kilometer dieser Reise an. Das muss gefeiert werden. Und schon taucht in einem hübschen Dörfchen plötzlich eine Eisdiele auf. Gott, sei's gedankt! Das verlockende Angebot nehmen wir gerne an. In Form einer kleinen 1.000-Kilometer-ohne-Unfall-Sommer-Sonne-Wasser-Kaffee-Eis-Erfrischungs-Pause.

Auf dieser Reise werde ich angesichts der hohen Temperaturen langsam zum versierten Testverkoster und erfahrenen Fachmann für Erdbeereisbecher-Kreationen. Die normale Variante besteht aus Erdbeer- und Vanilleeis mit Sahne, Erdbeersoße und frischen Erdbeeren. Mir ist das zu viel Erdbeergeschmack. Also wähle ich nur Vanilleeis und die Variante wirkt schon erheblich weniger künstlich. Die Variation mit Vanille- und Stracciatellaeis peppt die Sache noch weiter auf, wobei dazu die Erdbeersoße nun gar nicht mehr passen will. Also Schoko- statt Erdbeersoße. Um nicht ganz so viel Schokolade als Konkurrenz zu den frischen Erdbeeren zu haben, setzt sich bei mir letztendlich die Kreation nur mit Vanilleeis, Sahne, frischen Erdbeeren und Schokosoße am Ende der langen Testserie durch. Kann ich nach heißen mehr als 1.000 Kilometern Testfahrt empfehlen. Einfach genial.

Als wir frisch gestärkt starten, ist es nicht mehr weit. Um nicht im Städtekonglomerat Erlangen, Fürth, Nürnberg meine gute Sonntagslaune zu verheizen, entscheide ich mich für die flotte Autobahnvariante. Nördlich von Erlangen treibe ich unser voll bepacktes Dreirad auf die gut ausgebaute Schnellstraße. Da das Gespann nachweislich schneller als 60 km/h rennt, biegen wir zum Erstaunen des nachfolgenden Verkehrs mit schwungvollem Bogen auf die angezeigte Autobahn ab. Tölpel legt dessen ungeachtet die Zähne frei in den Wind und nutzt die Windbürste zur Gebissreinigung. Ich lasse die MZ mal so richtig laufen. 116 km/h zeigt der Tacho an. Mein Navi weist satellitenüberwachte 103 km/h als Höchstgeschwindigkeit aus – nicht schlecht für gerade mal 24 Pferdestärken aus 285 ccm Hubraum. Dabei hat es die MZ schwer. Nicht nur weil es heiß und sie voll beladen ist, sondern auch weil die Übersetzung etwas lang wirkt. Zu lang, denn im fünften und letzten Gang verliert der Motor schnell an Kraft und ich muss einen Gang runterschalten, um den Topspeed zu erreichen. Der fünfte Gang wirkt eher wie ein moderner Overdrive, der mit geringen Drehzahlen Sprit sparen soll, was aber beim Zweitakter nicht so funktioniert, da der Motor für seine Arbeit Drehzahl braucht. Bei Gelegenheit sollte ich trotz getuntem 300-Kubik-Kolben-Satz mal ein kleineres Gespann-Ritzel aufziehen.

Die Stadt Nürnberg ist international bekannt für ihre historischen Reichstage. Die Kaiserburg als Wahrzeichen der Stadt erzählt von der Blüte zu Zeiten Luthers, die durch das Handwerk und den Handel entstand. Das Zeppelinfeld, das ehemalige Reichstagsgelände der Nazis, dokumentiert heute den Niedergang im Nationalsozialismus. Nürnberg hat eine bewegte und bewegende Geschichte.

Nun bin ich froh, die heutige Hitzeschlacht ohne Kolbenklemmer gut überstanden zu haben und freue mich auf einen entspannten kühlen Abend, den ich in einem kultigen veganen Restaurant verbringe. Wellness à la carte für Körper und Geist. Tölpel und ich sitzen gemütlich in einem kleinen Vorgarten und essen frische, gesunde Leckereien. Das macht und hält fit. Selbst Tölpel ist begeistert und wartet beharrlich („Schau mir in die Augen, Herrchen!") auf den Tischabfall. Da sie in einem vegetarischen Haushalt lebt und überwiegend mit uns isst, ist sie dieses fleischfreie Futtern gewohnt. Der arme Hund? Nein, wir haben uns vorher von mehreren Fachleuten beraten lassen, ob ein Hund auch vegetarisch leben kann, was – wie bei uns Menschen – kein Problem ist, wenn die Nahrungszufuhr ausgewogen bleibt. Da meine Frau und ich gerne Sport treiben und die Bewegung lieben, halten wir uns mit diesem Ernährungsstil gesund und fit.

Martin Luther kannte die berühmte Stadt Nürnberg nur von einer Durchreise. Er weilte hier kurz während seiner Romreise. Zum Bedauern des Nürnberger Malers und Bildhauers Albrecht Dürer, der Luther so gerne gestochen hätte. Nicht mit dem Messer, wie von Papst oder Kaiser erhofft, sondern in Kupfer, denn das war sein kunstvolles Metier. Albrecht Dürer war wie sein Vater, Albrecht Dürer der Ältere, Goldschmied und hatte durch viele Reisen durch Europa seine Kenntnisse so toll perfektioniert und erweitert, dass er letztendlich der berühmteste Portraitist Deutschlands wurde. Egal ob als Zeichnung, Gemälde, Holzschnitt oder Kupferstich.

Albrecht Dürer war auch in Wittenberg gewesen, leider fand auch dort der viel beschäftigte Gelehrte Luther keine Zeit, sich von ihm portraitieren zu lassen. Eitel war Luther nicht, denn sonst hätte er bestimmt diese Chance genutzt. Friedrich der Weise wünschte sogar, dass Albrecht Dürer nach Wittenberg ziehen sollte, aber dort war der zweite Große im Lande, Lukas Cranach, schon etabliert. Im städtischen Zusammenleben ergaben sich für Cranach somit genügend Möglichkeiten, Martin Luther wie auch seine Frau Katharina von Bora zu malen.

Das Albrecht-Dürer-Haus in Nürnberg, in dem er ab 1509 gewohnt und gearbeitet hat, steht direkt unterhalb der Kaiserburg am Tiergärtner Platz. Hier wird beim Besuch deutlich, dass das Hausregiment dieses berühmten Mannes seine Frau Agnes innehatte. Diesbezüglich scheint sich also seit Dürer und Luther im Lande nichts geändert zu haben. Albrecht Dürer arbeitete mehrfach für Kaiser Maximilian I, der gerne in die Stadt kam, um für seine römische Großreichsidee und natürlich für das dafür nötige Kleingeld zu werben. Er war ein armer Kaiser, der zwar viel Gut und Ehr, aber kein Geld besaß, um seine Macht durchzusetzen. Im Zuge des sich entwickelnden Geldhandels schwanden seine liquiden Möglichkeiten, denn seine Besitztümer waren schlecht in Geld umzumünzen. Er hoffte auf das reiche Nürnberg, das neben Köln und Prag damals zu den größten Städten des heiligen Römischen Reiches gehörte. Da musste doch etwas zu holen sein.

Das dachte sich damals auch Ritter Götz von Berlichingen und entschied sich zu einer Fehde gegen die wohlhabende Stadt, denn auch er wollte sich gerne ein Stückchen vom prallen Kuchen des Reichtums abschneiden. Auch das war früher nicht anders als heute. Das fand der Kaiser nun überhaupt nicht witzig und sprach 1512 die Acht über den unverschämten Ritter Götz wegen Raubrittertums aus. Dabei waren seine Interessen dieselben wie die des Kaisers. Genau das war das Problem, denn Teilen steht bei den Reichen nicht hoch im Kurs. Daran hat sich leider bis heute nichts geändert.

Man kann daher Martin Luthers Ächtung im Jahr 1521 als durchaus üblich betrachten, nur der Kaiser war eben ein anderer. Denn der arme Maximilian I starb zuvor im Jahre 1519 und erlebte die Einführung der Reformation nach lutherischem Bekenntnis 1525 in Nürnberg nicht mehr. Das tat sein Nachfolger Kaiser Karl V.

Zur Zeit Luthers dachten die Menschen viel über den Aufbau des Weltalls nach. Sie hatten eine recht flache Vorstellung von ihrer Welt, die im Mittelpunkt stand und um die sich alles drehte. Typisch Mensch, könnte man denken. Aber nein, denn die katholische Kirche stellte rigoros Andersdenkende an den Pranger. So ist es nur vernünftig und verständlich, dass Luthers Zeitgenosse Nikolaus Kopernikus 1543 erst kurz vor seinem Tod seine heliozentrische Erkenntnis des Weltalls (die Sonne als Mittelpunkt) drucken und unter seinem Namen veröffentlichen ließ. Er war eigentlich Jurist und Arzt, hatte sich aber während seiner Schaffenskraft auch der Astronomie gewidmet und die These des antiken Aristardes von Samos erforscht. Dieser widersprach dem gängigen geozentrischen Weltbild des Ptolemäus (Sonne, Mond und Planeten kreisen um die Erde als Zentrum des Universums), welches auch die katholische Kirche seit dem 14. Jahrhundert mit päpstlichen Segen als göttliche Wahrheit vertrat. Die Inquisition konnte Kopernikus für seine wissenschaftlichen Erkenntnisse nicht mehr leiblich bestrafen, ächtete aber seine Veröffentlichung nach seinem Ableben als reines Rechenmodell. Ob von der katholischen Kirche damals bei dieser Be- und Verurteilung des schlauen Zeitgenossen ein ausgewiesener Fachmann wie zum Beispiel Adam Ries zu Rate gezogen wurde, ist nicht überliefert, darf aber bezweifelt werden, da die katholische Selbsteinschätzung der Unfehlbarkeit schon damals vertreten wurde.

Ebenso völlig verblendet beschlossen 1935 die Nationalsozialisten die Nürnberger Gesetze, die den späteren Rassenwahn zuerst in Deutschland und dann in ganz Europa legitimierten. Nürnberg wurde neben Berlin architektonisch zur Reichsstadt der deutschen Nation aufgepeppt, wobei Geld für diese berauschende Propaganda keine Rolle spielte. 1945 machten die Alliierten dem bösen Treiben ein Ende, indem sie sowohl diese schöne Stadt in Schutt und Asche als auch danach den Kriegsverbrechern im Nürnberger Prozess das Handwerk legten. Die Dokumentation der Nürnberger Prozesse ist im alten Gerichtsgebäude in einem Museum geschichtlich wertvoll für die Nachwelt dargestellt. Meines Erachtens ein Pflichtbesuch.

1947 fand auf dem alten Reichstagsgelände ganz friedlich das erste Rennen im Motorsport statt und blieb bis 1957 eine Motorraddomäne. Kein Wunder, besitzt doch Nürnberg mit Herstellern wie Ardie, Hecker, Hercules, Mars, Triumph, Viktoria und Zündapp eine lange Zweiradtradition. Zündapp baute wie BMW erfolgreich Gespanne, die mit Steib-Seitenwagen ausgerüstet waren. Die Karosseriewerkstatt Steib aus Nürnberg war 1938 der größte Beiwagen-Hersteller der Welt. Nach dem Krieg verdrängte der Automobilbau die fließbandartige Beibootherstellung. Steib stellte die Produktion seiner großartigen Seitenwagen 1965 ein und produzierte fortan nur noch Landmaschinen, bis die Firma 1989 Konkurs machte. Dennoch steht der Name Steib nach wie vor in der heutigen Gespannszene für solide, innovative und sehr hübsche Seitenwagen. Ein Steib ist ein Klassiker. Auf der ganzen Welt bekannt sind die seitenwagenangetriebenen Dreiräder von BMW und Zündapp mit Steib-Beiboot, die überall durch dick und dünn fuhren – zuerst als deutsches Kriegsgerät, danach als Forst- und Landschaftsfahrzeug. Sie wurden in Russland und China nach dem Krieg kopiert und werden heute noch – leicht modernisiert – gebaut und vereinzelt wieder nach Deutschland exportiert.

Der über zwei Kilometer lange Stadtring Nürnbergs löste das Reichstagsgelände als Rennstrecke ab und wurde als Norisring zu einer mittlerweile traditionellen Einrichtung. Er umkreist die alte Haupttribüne des Zeppelinfeldes mit der Erweiterung um eine interessante Schleife. Alles inmitten der Stadt nahe dem Stadion. So etwas ging nur in den angeblich guten alten Zeiten des Wirtschaftswunders. Heutzutage wäre so eine Entstehungsgeschichte nicht mehr möglich, zumal all die berühmten Motorradmarken der Stadt verschwunden sind. Kultur hat keinen Bestandsschutz, sondern muss über die Zeiten gepflegt werden. Zum Glück gibt es so manchen Liebhaber, der diese kultigen Fahrzeuge akribisch restauriert und mit fachlicher Hand pflegt, so dass heute in der Zweiradszene immer noch diese alte Markenvielfalt Nürnbergs überlebt. Im Museum Industriekultur wurde der ehemaligen Marken Nürnbergs mit einer Dauerausstellung zum Motorrad sogar ein kleines Denkmal gesetzt.

17. AUGSBURG:

Geld regiert die Welt?

Weiter Richtung Süden. Wir verlassen die ehemalige Hochburg des deutschen Motorradbaus. Kann es sein, dass der MZ-Motor heute Morgen besonders kernig klingt? Vielleicht ist es die pure Lebensfreude, im Rhythmus der zwei Takte die Welt erkunden zu dürfen. Jedenfalls: Die Sonne scheint über Nürnberg wieder auf hohem Niveau. Der Tag ist jung und wild darauf zu zeigen, was in ihm steckt. Hallo Welt, wir kommen!

Manchmal erwische ich mich dabei, dass ich die MZ starte, ohne gleich loszufahren. Der Motor fabriziert seine kultige Geräuschkulisse und ich vergesse für einen kurzen Augenblick die Welt. Ich hoffe nicht, dass das eine Vorstufe von Alzheimer ist. Nein, es ist einfach dieses einzigartige Geräusch, das nur dieses Motorrad macht. Und mich damit süchtig und glücklich.

Nun aber los. Sieht doch komisch aus, wenn ein älterer Herr mit Hund, Helm und Montur auf einem tuckernden Motorrad sitzt und sich nicht bewegt.

„70, 80, 90," die Landschaft fliegt vorüber. Über Schwabach fahren wir nach Roth und sind überwältigt: Diese Ort hat extra für uns ein großes Transparent quer über die Straße gespannt: „Welcome Triathletes!" Welch Sympathie für Gespannfahrer. Danke und sportliche Grüße zurück.

Die Bundesstraße 2 bringt uns erst Richtung Weißenburg und dann weiter westwärts nach Donauwörth. Wir könnten aber auch ins Altmühltal abbiegen. Eine Motorrad-Traumstrecke, die uns nach Eichstätt führen würde. Dann könnten wir nach Regensburg weiterreisen, um die astronomischen Erkenntnisse aus Nürnberg zu vertiefen. Denn dort würde uns Johannes Kepler erwarten. Immerhin muss jeder deutsche Gymnasiast im Physikunterricht die Keplerschen Gesetze lernen. Er war ein Zeitgenosse des Italieners Galileo Galilei, der ebenfalls das heliozentrische Weltbild des geächteten Kopernikus vertrat. Als tiefgläubiger Katholik wollte der Gelehrte Galilei seine treu verehrte Kirche vor einem weit verbreiteten Irrtum bewahren und scheiterte wie Martin Luther mit diesem gut gemeinten Vorhaben – nur fast 100 Jahre vorher. Die katholische Kirche war nicht bereit für neuzeitliche Erkenntnisse, sondern setzte auf eine Gegenreformation, um ihre bornierte Macht möglichst lange zu bewahren.

Da wir ja aber auf Lutherkurs sind, lassen wir das Altmühltal bleiben und rollen weiter auf der B 2 Richtung Augsburg. Sie folgt dem Lech und heißt auf diesem Abschnitt Romantische Straße. Am Nachmittag erreichen wir die Stadt Augsburg und halten uns Richtung Zentrum. Am Königsplatz frage ich nach der Altstadt und ein Ehepaar erklärt mir freundlich, dass ich genau davor stehe. Wie peinlich. „Guckst du blöd, fragst du blöd!", murmle ich in meinen Klapphelm.

Hans Eberspächer sagt, Selbstgespräche seien die häufigsten Dialoge, die wir als Menschen führen. Und das häufigste Gespräch mit uns selbst ist ein Ein-Wort-Satz, der mit „Sch..." anfängt. So wie in diesem Augenblick, in dem ich meine Einfalt verfluche. Was aber nichts bringt. Denn, so Eberspächer, man soll in einer verkorksten Situation auf keinen Fall bejammern, was nicht geht, sondern sich auf das konzentrieren, was geht. Positiv denken, sich seiner Stärken bewusst werden. Kennen wir ja schon.

Da die historische Innenstadt von Augsburg zu Fuß erobert werden muss, entscheide ich mich für eine Übernachtung vor

Ort, suche ein Hotel und werde gleich 100 Meter weiter fündig. Im Innenhof darf ich sogar ohne Parkgebühr die MZ parken. So einfach und erholsam kann Urlaub in Deutschland sein. Ein wunderbarer Ausgangspunkt, um die Stadt leicht bekleidet zu Fuß zu erkunden. Tölpel freut sich riesig auf den Gassigang und zeigt mir ganz viele grüne Oasen der Stadt. Woher kennt sie die alle?

Augsburg ist noch so eine mittelalterliche Reichsstadt. Über 20 Reichstage gab es hier, bei denen Kürfürsten, Fürsten und Reichsstädte nebst einigen geladenen Gästen, wie zum Beispiel Götz von Berlichingen, versuchten, ihre – nationalen – Interessen gegenüber dem Heiligen Römischen Reich und dessen Vertretern, vor allem dem Kaiser, durchzusetzen. Albrecht Dürer war auch einmal dabei als Vertreter der Stadt Nürnberg und porträtierte nebenbei den Augsburger Kaufmann Jakob Fugger. Nicht nur Schüler malen Bilder, wenn's langweilig wird. 1530 wurde auf dem Reichstag das Augsburger Bekenntnis verlesen, das auch heute noch als lutherisches Bekenntnis Geltung besitzt. Es wurde von Philipp Melanchthon vorgetragen, da Luther ja wegen seiner Sicherheit in Coburg zurückbleiben musste. Obwohl dieses Bekenntnis nicht offiziell vom Reichstag angenommen wurde, vollzog sich auch in der Stadt Augsburg ab 1534 der Prozess der Reformation. 1555 wurde endlich auf einem Reichstag der so genannte Augsburger Religionsfrieden beschlossen, der die Gleichstellung beider Konfessionen besiegelte: cuius regio, eius religio. Das bedeutet, jeder Landesherr konnte die Religion in seiner Region bestimmen. Das war zwar ein großer Fortschritt, eine individuelle Religionsfreiheit für jeden Menschen gab es aber immer noch nicht. Bis dahin war es noch ein langer und steiniger Weg.

1518 musste der junge Martin Luther nach Augsburg reisen,

um nach einem Reichstag mit dem Papstgesandten zu disputieren. Er sollte vor dem Vertreter Roms offiziell seine aufrührerischen Thesen von 1517 widerrufen. Aber Luther blieb standhaft und verweigerte. Das geschah seinerzeit im Stadtpalast der Fugger. Ein Schild am Haus erinnert heute an dieses historische Ereignis.

Touristisch wird Augsburg in erster Linie als Fuggerstadt vermarktet. Jakob Fugger brachte es als Kaufmann zu großem Reichtum und konnte sich einen Stadtpalast leisten. Da er auch öffentlich mit dem Kaiser und der Kirche klüngelte, war es nicht besonders empörend, dass der Wittenberger Gelehrte, nun deutschlandweit in aller Munde, im Fuggerrefugium vom Papstlegaten reglementiert werden sollte. Dass sich heute direkt am Fuggerplatz das Maximilianmuseum befindet, entspricht dem engen Band der Verbundenheit der Mächtigen im Mittelalter, auch wenn das Museum erst 1855 gebaut wurde und sich auf König Maximilian II beruft.

Um ein soziales Image der Familie zu fördern, stiftete Jakob der Reiche vier Jahre vor seinem Tod 1521 die Fuggerei. Angeblich die erste Sozialsiedlung der Welt. Noch heute können hier die Mieter für die damals festgelegte Jahreskaltmiete von jetzt umgerechneten 0,88 Euro wohnen, wenn sie bereit sind, für den Stifter und seine Familie täglich drei Gebete zu sprechen, was Bedingung des Mietverhältnisses ist. Das klingt stark nach katholischer Ablasstheorie. Als Protestant kommt mir diese Einrichtung merkwürdig vor, zumal bei der Besichtigung dieser Stiftung die Besucher mit einer fünffachen Jahresmiete als Eintritt zur Kasse gebeten werden – pro Person. Ist das sozial? So erstaunt es mich nicht, dass es auch heute noch in Augsburg eine Fugger Privatbank gibt. Meine weise Oma betonte stets ihren Enkeln gegenüber, dass man mit Händearbeit nicht reich werden könne. Auch Martin Luther warnte schon vor der Selbstinszenierung der reichen Geldhändler: „Gute Werke haben keinen Namen!"

Am Martin-Luther-Platz vor Ort bekomme ich gleich die protestantische Einstellung geboten: Ein Transparent, das an der jetzt evangelischen St. Anna-Kirche hängt, die als Weltkulturerbe eingestuft ist, bittet für den Erhalt des Gebäudes um Spenden mit dem Slogan: „Helden sind nicht einzelne". Nebenan im Kloster übernachtete damals der vorgeladene Ketzer aus Wittenberg fast zwei Wochen lang, um mit dem voreingenommenen Legaten des Papstes zu verhandeln. Für Luther stand das Resultat schon von vornherein fest: Niemals würde er klein beigeben. Ich quartiere mich ganz in der Nähe im Hotel ein und brauche mich Gott sei Dank nicht mit solchen kirchlichen und wirtschaftlichen Vertretern herumzuärgern. Martin Luther war wahrlich nicht zu beneiden, wusste jedoch präzise um seine Situation: „Für Heuchelei gibt's Geld genug. Wahrheit geht betteln."

Beim Stadtrundgang entdecke ich eine Hinweistafel auf den Augsburger Kaufmann Bartholomäus Welser, der zu Luthers Zeiten die ersten deutschen Kolonialunternehmungen nach Südamerika führte. Vorausgegangen waren die Entdeckungen des Christoph Kolumbus, der im Auftrag Spaniens 1492/93 Amerika beziehungsweise die vorgelagerten Inseln Südamerikas entdeckte. Eigentlich suchte Kolumbus den Seeweg nach Ostasien, da die Türken seit der Eroberung Konstantinopels 1453 den traditionellen Landweg blockierten und einen Warenfluss unmöglich machten. Kolumbus dachte bis zu seinem Tod 1506, er hätte Hinterindien gefunden.

Den tatsächlichen Seeweg nach Indien und China entdeckte 1498 der Portugiese Vasco da Gama, was die Mächtigen Europas freute und die Muselmanen ärgerte. Die schlugen im wahrsten

Sinne des Wortes auf dem Landweg zurück und eroberten 1521 das serbische Belgrad und 1526 Ungarn. 1529 belagerten sie Wien, was das gesamte christliche Abendland in Angst und Schrecken versetzte. Schon lange vor dem Kommunismus ging in Europa ein Schreckgespenst umher: Die Türken kommen! Stattdessen kam der Winter, so dass die Heere der Osmanen wieder abzogen. Aber sie kamen später mehrmals zurück, um immer wieder das alte Heilige Römische Reich zu attackieren. Das konnte sich natürlich der zuständige Kaiser nicht bieten lassen und führte teure Feldzüge gegen die stürmischen Türken, was wiederum die monetär aufgerüsteten Fugger freute, da sie an der festgelegten Kreditlinie gewaltig verdienten.

Interessant: Die Invasion der Türken aus dem Osten einigte trotz der innerpolitischen Spannungen das westliche christliche Abendland. Selbst Martin Luther wollte, dass sein jüngster Sohn, der 1533 geborene Paul, gegen die Türken in den Kampf zog. Luther bezeichnete das Osmanische Reich als Königreich der Ratten, welches schlimmer als die Pest sei. Letztere war ja schon in Deutschland eingedrungen und hatte großes Unheil verursacht. Aber es gibt Situationen, da muss ein Sohn selbst seinem berühmten Vater politisch nicht folgen – Paul Luther zog nicht in den Krieg, sondern machte Karriere in der Medizin und war am Ende Professor, Doktor und kurfürstlicher Leibarzt. Dem väterlichen Glauben blieb er allerdings ein Leben lang treu. Er galt als protestantisch und sehr fromm.

Tölpel und ich streifen weiter durch diese alte, interessante Stadt und entdecken statt Hinterindien das Geburtshaus von Bertold Brecht. Er wurde in Augsburg 1898 in die um Freiheit ringende Welt geworfen und siedelte 1924 nach Berlin über. Nach dem Krieg bekannte er sich ideologisch zur DDR, da er die BRD zunehmend zu amerikanisch-unsozial empfand. In der

Hauptstadt der ostdeutschen Republik engagierte er sich als Dramatiker und Lyriker auch politisch. Brecht wurde zwar weltberühmt, doch das imperialistische Augsburg bekannte sich unter den Umständen des kalten Krieges nur spärlich zu seinem verlorenen kommunistischen Sohn. Bertold Brecht passte mit seinen kritischen, protestantischen Gedanken so ganz und gar nicht in das gepflegte, katholische Fugger-Image. Das schmale Brechthaus liegt in der kleinen Seitengasse Auf dem Rain. Dieses Museum wirkt biblisch formuliert wie der Stachel im Fleisch und damit ganz authentisch.

Angenehm überrascht bin ich von der gut erhaltenen Synagoge von 1914 an der Hallerstraße. Sie überstand tatsächlich die Pogrome der Nationalsozialisten und die Bombardements der Alliierten – ausgesprochen selten in Deutschland. Ein kleines Wunder? Zumindest ein wunderbarer Tatbestand, der es mir heute ermöglicht, vernichtete deutsche Kultur als gepflegtes Einzelstück zu bestaunen. Wer sich für jüdisches Leben in Deutschland interessiert, entdeckt hier eine gut erhaltene, originale Schatztruhe. Die inspirierende Synagoge kann man besichtigen. Hunde sind allerdings nach jüdischer Sitte nicht koscher und müssen draußen bleiben.

Martin Luther schrieb und predigte damals gehässig gegen die Juden und trieb damit im großen Strom des Antijudaismus, eines religiös bedingten Judenhasses, der im christlichen Abendland weit verzweigt in jede Region floss und die Bevölkerung tränkte. Luther war nach heutigen Maßstäben kein Antisemit, der die Juden vernichten wollte, sondern der Reformator wollte sie missionieren. Es war keine politische Haltung Luthers, wie gegenüber den Türken, sondern eine theologische Erkenntnis aus der Kreuzigung Jesu von Nazareth.

Das Thema Luther und die Juden ist noch diffiziler als das

Thema Luther und die Bauernaufstände. Wie Familienvater Luther sich familiär beim Sohn Paul irrte, so lag er nach heutiger akademischer Erkenntnis samt und sonders auch bei seiner Einschätzung des Judentums daneben. Bei diesem Thema war er noch ganz ein Kind seiner Zeit. Ein Mensch des Mittelalters, der – wie alle anderen auch – an den leibhaftigen Teufel und an Hexerei glaubte. Soweit Vernunft und geistliche Entwicklung bei Martin Luther seiner Zeit auch voraus waren, so tief verwurzelt finden wir ihn im Alltag des Mittelalters. Er war eben auch nur ein Mensch.

Noch heute kann man an der Stadtkirche in Wittenberg am Südostgiebel die in Stein gemeißelte „Judensau" erkennen. Gleiches findet man am Magdeburger und am Erfurter Dom. Auch in Nürnberg an der St. Sebald-Kirche ist dieses mittelalterliche, antijudaistische Bildmotiv zu finden, das sowohl die Nationalsozialisten als auch die Deutschen Christen ideologisch ausschlachteten. Dass Luther mit diesem alten Gedankengut trotz seiner Klugheit nicht gebrochen hat, ist schwer zu verstehen und macht im Angesicht der jüngeren deutschen Kriegsgeschichte traurig und sprachlos. Aber es gibt kein Leben ohne Schatten.

Ich schließe diesen geballten Spaziergang durch die Geschichte in einer schön italienisch wirkenden Pizzeria ab. Gefüllt mit den vielen Daten und Fakten der Stadt knurrt nun der Magen. Alles hat seine Zeit. Jetzt brauche ich artgerechte Nahrung und mache mich über den aufgetischten frischen Salat her. Tölpel hat sich über die ausgedehnte Erkundung der Stadt zu Fuß mächtig gefreut, verschlingt ihre Portion Vegi-Hundefutter mit Heißhunger und liegt abends im Hotel völlig entspannt neben meinem Bett auf ihrem Deckchen. Wir sind halt ein echtes Gespann.

Bis 2014 war Augsburg sogar die Heimat eines Motorradherstellers. Erraten? Genau, HOREX. Das Topmodell der wiederbelebten Traditionsmarke, die VR 6, wurde 2010 auf Messen präsentiert, konnte aber nicht gleich im Anschluss geliefert werden. Als es dann verspätet auf die Straße kam, kränkelte es an mehreren Stellen. Danach brachen Absatz und Umsatz ein, so dass der euphorische Anfang schneller als gedacht in ein insolventes Ende überging. Im Gegensatz zu MZ wurde HOREX danach aufgekauft. Heute produziert ein neues Unternehmen mit dem Namen 3C weiter südlich in Landsberg am Lech exklusive HOREX-Sechszylinder-Bikes, um sie dann only online zu verkaufen. Unsterblich wurde HOREX durch die Werner-Comics von Brösel Feldmann, der meiner Generation in den 1980er-Jahren eine große Begeisterung für die alten HOREX-Konstruktionen einhauchte.

Als ich abends im Bett liege, erinnere ich mich an meine Kindheitstage vor der Flimmerkiste und an die von mir so geliebte Augsburger Puppenkiste. Urmel aus dem Eis, die Blechbüchsen-Armee, Kater Mikesch, Jim Knopf und viele andere Sequenzen tauchen aus dem Dunkel der früheren Tage auf. Ob Fugger, Brecht oder HOREX – diese Puppenkiste scheint mir letztendlich das wichtigste Geschenk Augsburgs an die Welt gewesen zu sein.

18. ULM:

Die haben einen Vogel

Nach dem Frühstück packe ich unsere sieben Sachen und schnalle sie im Boot der MZ fest. Bei der freudigen Bewunderung meines neuen maritimen Bullauges stutze ich: Wieso sehe ich kein rot gefärbtes Zweitakt-Öl im messingumrandeten Sichtfenster des separaten Tankes unterhalb des linken Seitendeckels? Die Kontrolle des Ölstands mit dem Messstab bringt die Antwort: Trocken. Doch als ich mit dem kleinen Finger in den Tank fahre, weil ich es nicht glauben mag, wird die Fingerspitze noch ein wenig mit Öl benetzt. Bis zur nächsten Tanke wird es also reichen. Gott sei Dank!

Ich befrage mein oberschlaues Navigationsgerät nach der nächsten Tankstelle und erfahre, dass sich schon in 800 Metern eine solche befindet. Das sollten wir wohl schaffen. Beruhigt, trete ich auf den Kickstarter, enthalte mich jeglicher Besinnung und folge sofort den Anweisungen von „Herrn Navi". So nah 800 Meter auf der digitalen Anzeige wirken, so weit sind sie emotional mit fast leerem Öltank inmitten einer großen Stadt mit vielen Baustellen und Ampeln. Immer wieder muss ich anhalten und frage mich, ob ich sicherheitshalber den Motor abstellen soll? Ich lasse ihn an, halte mich aber bereit, seine Arbeit im Notfall des plötzlichen Ölinfarktes sofort zu beenden. Als endlich die alte, kleine Tankstelle auftaucht, erfahre ich Erleichterung und meine Kaumuskulatur Entspannung. Wir tanken, auf dem Weg zur Kasse suche ich im Tankshop das begehrte Zweitaktöl in den Regalen. Ich finde Brötchen und Zeitungen, Sekt und Hundefutter, Abschleppseile und Kondome, aber kein Öl für einen Zweitaktmotor. Genervt gehe ich auf und ab wie ein gequälter Löwe im engen Zookäfig. Als ich an der Kasse frage, heißt es, das Zweitaktöl sei leider gerade vergriffen. Das glaube ich jetzt nicht. Ist in Augsburg das Zweitakt-Fieber ausgebrochen?

Jetzt werde ich aber doch ziemlich nervös. Nicht so das Navi: Völlig emotionslos offenbart mir der Apparat, der mit dem Himmel verbunden ist, dass die nächste Tankstelle wiederum 800 Meter entfernt sein soll. Ich kicke den Motor an. Er schnurrt. Hoffentlich noch die nächsten 800 Meter. Mit gleicher Notfallvorbereitung erreiche ich diesmal eine moderne Tankstelle, so eine Art Supermarkt, der mit großem Transparent damit wirbt, Tag und Nacht für mich geöffnet zu haben. Tut gar nicht Not, denke ich, nachts schlafe ich ja. Aber jetzt hätte ich gerne eine Dose Zweitaktöl. Und? Der Supermarkt hat auch Zweitaktöl. Als glücklicher Mann verlasse ich den Verkaufsraum und setze als entspannter MZ-Fan die Reise mit vollem Öltank fort. Neue Abenteuer warten. Hund und Maschine sind für's Erste versorgt. Als die Stadt langsam im Rückspiegel verschwindet, wärmt die frühe Morgensonne mir angenehm den Rücken. Wie viel Glück ich doch habe. Nach so viel hektischem Stadtdschungel erfreut sich mein Inneres an der beruhigenden Art von Mutter Natur.

Wir fahren gen Westen Richtung Ulm, das ungefähr 80 Kilometer entfernt liegt und nutzen wieder kleine Landstraßen, da wir den Modus kürzeste Strecke ohne Autobahn im Navi gewählt haben. Eine wunderbare, liebliche Landschaft. Es gibt keine Berge, dafür sanfte Hügel, viele Felder und hier und da ein Wäldchen. Meine Karte weist dieses Gebiet als Naturpark aus. So eins mit der Natur tingeln wir durch die schöne heile Welt, bis plötzlich der Blick hängen bleibt: Am Horizont zeigt sich in Sichtweite ein großer Kühlturm mit einer noch größeren weißen

Rauchwolke. Die Achillessehne unseres Wirtschaftswunderlandes – ein Atomkraftwerk. Im Naturpark. Die stationäre Atombombe tickt in Gundremmingen, wie die Karte ausweist, gebaut an den Überschwemmungswiesen der Donau. Zum Glück gibt es hier im Lande keine Tsunamis wie in Japan. Ich hoffe nur, dass nicht irgendwelche verrückten Attentäter auf die Idee kommen, hier ein Selbstmordkommando durchzuziehen. Nicht auszumalen, was passiert, wenn sie diese Rauchzeichen als Einflugschneise nutzen. Irgendwie wird man die Bilder des 11. Septembers nicht los. Dieses Attentat hat die Welt und mich verändert. Aber wie wir aus der Ukraine wissen, braucht es weder Naturkatastrophen noch Attentäter, um diese riskante Technik einzuschmelzen. Wie diese schöne Gegend aussehen würde, wenn unter bröselndem Beton nicht nur die Stäbe brennen? Tschernobyl ist immer noch eine Katastrophe und wird es auch in den nächsten tausend Jahren bleiben. Das wünscht man nicht mal seinem ärgsten Feind. Hoffen wir mal bis zum endgültigen Atomausstieg auf ein Gewissen bei Terroristen und auf wenig Wartungsstau im börsennotierten Energiekonzern, der die Milliardengewinne – gesponsert mit staatlichen Investitionen – gerne privat entgegennimmt, aber nun die Müllbeseitigung nach der großen Gewinnerparty der öffentlichen Hand in die Schuhe schiebt. Eines ist bei der Atomkraft ganz sicher: Am Ende zahlt das Volk.

Kurz vor Ulm kreuzen wir die A 7. Von hier läuft die Trasse durch bis Flensburg. Nach Süden ist Memmingen ausgeschildert. Ulm, Memmingen, Bodensee, Alpen, Rom. So lautete der damalige Pilgerweg Luthers, als er nach Italien wanderte. Einmal Wittenberg-Rom und retour in fünf winterlichen Monaten in der Zeit von 1510 bis 1511 – das ist schon eine große Herausforderung und sportliche Höchstleistung. Dass der junge Luther als schlank, ja fast dürr beschrieben wird, erstaunt deshalb wohl niemanden. Auf den ersten Portraits von Lukas Cranach ist Martin Luther sehr hager dargestellt und vom asketischen Alltag gezeichnet. Das sollte sich beim älteren Reformator wie bei vielen Menschen, wenn sie in die Jahre kommen, dann ändern. Die späteren Portraits des Professors aus Wittenberg zeigen eher einen wohlgenährten, fast schon feisten Herrn. Die Botschaft war klar: Reformation verbietet keinen Wohlstand, der gerade im Mittelalter an Wams und Gürtel abzulesen war und gerne zur Schau gestellt wurde.

Die Stadt Memmingen schreibt in der Zeit Luthers Geschichte, weil sich die Bauern dort im März 1525 als christliche Vereinigung beziehungsweise als Eidgenossenschaft zusammenschließen. Noch im gleichen Monat werden die 12 Memminger Artikel formuliert und veröffentlicht. Memmingen ist also die Stadt der ersten Niederschrift von Menschen- und Freiheitsrechten in Europa. Später im 18. Jahrhundert beeinflussten diese 12 Memminger Artikel die Unabhängigkeitserklärungen im benachbarten Frankreich wie auch im fernen Amerika. Die schwäbischen Bauern erlebten leider ähnlich blutige Niederlagen wie Thomas Müntzer und seine Anhänger in Thüringen. Die Bauernaufstände in Deutschland wurden überall von den Adligen rigoros bekämpft und die Aufständischen oft wie Schlachtvieh abgemetzelt.

Das hatte nicht nur politische Gründe, sondern es ging auch um Rache. Ein Bauernhaufen hatte nämlich im April 1525 am Ostersonntag die Stadt Weinsberg, östlich von Heilbronn, gestürmt und ein das ganze Land schockierendes Chaos hinterlassen. Der Ort war geplündert und die Adligen ermordet worden, nachdem die Bauernschaft sie vorher im Spiesrutenlauf gedemütigt hatte. Zu guter Letzt ließen die bäuerlichen Aufrührer die zerschundenen Leichen der Herrschaften pietätlos unbestattet liegen.

Dieses äußerst brutale, rohe Vorgehen der Bauern beeinflusste nicht nur Meinung und Handeln der Fürsten, sondern auch die Einstellung Martin Luthers. Eine Eskalation. Im Mai 1525 kam seine Schrift „Wider die mörderischen und räuberischen Rotten der Bauern" heraus. Obwohl der Wittenberger Reformator sich seiner bäuerlichen Wurzeln durch den Großvater bewusst war und auch für die sozialen Forderungen der Bauern großes Verständnis hatte, war er nun gezwungen, dieses brutale Vorgehen des ungebildeten Mobs aus theologischen wie gesellschaftlichen Erwägungen öffentlich zu verurteilen. In dieser Eskalation der Ereignisse bestand die große Gefahr, dass Reformation mit Revolution gleichgesetzt würde, was den politischen Prozess des gesellschaftlichen Umbruchs in Deutschland zu diesem Zeitpunkt hätte scheitern lassen. Mit dieser Lutherschrift waren die Fürsten in ihrem Tun legitimiert und die Bauern frustriert, denn ihre zwölf Artikel nahmen viele reformatorische Gedanken ernst und auf, die Martin Luther vorher dem Volk geschrieben und gepredigt hatte. Aus der Sicht der Bauern war ihnen der ersehnte Hoffnungsträger in den Rücken gefallen, sie mussten sich ihrem unterdrückenden Schicksal ergeben. Der zuerst hoch verehrte Reformator bekam danach in der ärmlichen Bauernschaft und bei seinen politischen wie theologischen Gegnern den abfälligen Titel Fürstenknecht. Erst 300 Jahre später sollten die Bauern in Deutschland mehr Rechte bekommen, obwohl die Memminger Forderungen aus humanistischen Gründen zu Recht erhoben wurden. Wer sie liest, ahnt, wie rechtlos und unterdrückt die Bauern im Mittelalter waren.

Die Stadt Neu-Ulm ist erreicht und wir verlassen das Land Bayern, fahren über die Donau nach Ulm und sind – Rängtängtäng – im Ländle Württemberg bei den Schwaben. Das war zu Luthers Zeiten nicht so, dafür sorgte erst viel später Napoleon. Im Mittelalter war die Stadt Ulm beiderseits der Donau angesiedelt und galt als sehr wohlhabend. Ein mittelalterlicher Reim hat die damalige gute alte Zeit festgehalten: Venediger Macht, Augsburger Pracht, Nürnberger Witz, Straßburger Geschütz und Ulmer Geld regieren die Welt.

Die Blüte Ulms war aber zur Zeit Luthers bereits am welken. Nach 1500 wurde die Wirtschaft durch den expandierenden Seehandel und die geschickte Wirtschaftspolitik der Augsburger Fugger geschwächt. Das mittelalterliche Ulmer Siegel, das weltweit für gute Tuchqualität bekannt war, verlor zunehmend an Bedeutung in Wirtschaft und Gesellschaft. Nach verlorenem Schmalkaldischen Krieg ging es noch weiter bergab, da Kaiser Karl 1547 der Stadt viele privilegierte Rechte aberkannte. Das Münster wurde zwar 1543 nach 170 Jahren Bauzeit im ersten Bauabschnitt noch fertiggestellt, musste aber kurz zuvor noch umgebaut werden, da 1531 die Reformation in Ulm eingeführt wurde. Es kam zum Bildersturm und aus dem fast fertigen Bauwerk wurden 60 Altäre demontiert. Beschwere sich da heute noch einer über Stuttgart 21, Flughafen Berlin-Schönefeld oder die Hamburger Elbphilharmonie?

Das Münster blieb immerhin erhalten, was lange nicht allen kirchlichen Bauten in dieser Zeit des Umbruchs widerfahren ist. Martin Luther war bei seiner Durchreise vom Münster nicht besonders begeistert. Er stellte wortkarg fest, dass diese Kirche „zum Predigen nicht geeignet ist". Dafür war sie auch nicht geplant, denn die Wortverkündigung fußt auf dem neuen evangelischen Anspruch von Glaube und Vernunft. Immerhin besitzt das Ulmer Münster den höchsten Kirchturm der Welt. Schon in der Bibel ein Symbol der menschlichen Macht. Dass

Nationen, Institutionen, Banken und Konzerne heute immer noch mit mächtigen Türmen ihre Macht und Bedeutung darzustellen versuchen, dient als Indiz, dass sich der Mensch in den letzten Jahrhunderten so viel nicht fortentwickelt hat.

Ulm hat neben dem kirchlichen auch noch ein weltliches Wahrzeichen. Obwohl es so bedeutende Persönlichkeiten Ulms gibt wie Albert Einstein oder Hans und Sophie Scholl, ist es der Spatz. Die haben hier wirklich einen Vogel. Überall ist dieser Spatz als Maskottchen der Stadt zu sehen und zu kaufen. Wie es zungenbrecherisch heißt: in Ulm, um Ulm und um Ulm herum. Warum, kann mir vor Ort niemand richtig erklären. Laut Touristeninformation bezieht sich dieses Symbol auf eine neuzeitliche Sage. Es ist, wie es ist. Zur Ehrenrettung der Stadt sei erwähnt, dass es im Einsteinhaus der Volkshochschule eine Dauerausstellung zur Widerstandsgruppe Weiße Rose gibt, zu der auch die Geschwister Scholl gehörten.

Wer heute durch die Stadt Ulm fährt, kommt in eine moderne Stadt, die wenig alte und überwiegend neue Architektur vereint. 1944 wurde Ulm zu 80 Prozent zerstört. Wie durch ein Wunder blieb das Münster weitgehend verschont. Eine einzige Bombe hätte ohne Probleme die viele Arbeit von über 170 Jahren innerhalb von wenigen Sekunden zerstört. Immerhin machen ein paar übriggebliebene mittelalterliche Fachwerkhäuser im Fischer- und Gerberviertel Lust auf eine Verweilpause. Hier kann ich die Seele gemütlich am Donauzufluss der Blau baumeln lassen und mich erholen, bevor das Land Württemberg unter die Räder kommt.

19. NECKARZIMMERN:

Ein ritterlicher Alterswohnsitz

Von der Donau reisen wir an den Fluss Neckar. Fließende Adern von Mutter Natur, die uns Menschen seit Jahrmillionen Leben spenden. Voller Bewunderung für diese Lebenskraft empfinde ich alles, was mich umgibt und mein kleines Leben mittendrin. Heute und jetzt. Gegenwärtigkeit. Hans Eberspächer hat immer wieder die Bedeutung der Gegenwart betont: „Es nützt dir nicht die Erinnerung, dass du gestern deine Hausstrecke ideal gefahren bist und auch nicht das ehrenhafte Vorhaben, morgen deine Haustrecke optimal fahren zu wollen, sondern du musst sie heute unfallfrei schaffen." Er hat Recht. Was würde wohl meine Ehefrau denken, wenn ich ihr erzählte: „Schatz, ich war dir gestern treu und werde dir auch morgen treu sein." Im Heute spielt es keine Rolle, was wir gemacht haben oder morgen noch machen wollen, sondern das Leben spielt in der Gegenwart. Hier, jetzt und heute spielt die Musik des Lebens. „Carpe diem" lehrten schon die antiken Philosophen: Nutze den Tag. Meine schlaue Oma lehrte uns Enkeln: „Es gibt nichts Gutes, es sei denn, man tut es." Mir scheint, Tölpel hat bei der Umsetzung dieser menschlichen Weisheit weit weniger Mühe als ich, der so oft in alten Erinnerungen der Vergangenheit schwelgt oder mit Zukunftsprojekten glaubt, sein Leben planen zu können. Tölpel nimmt jeden Tag, wie er kommt. Ganz treu und geduldig – und ist mit dieser Lebensart letztendlich viel freier als ich. Von ihr kann ich noch viel lernen. Vielleicht sollte ich sie Professor Doktor Tölpel nennen?

Vor uns liegt das süddeutsche Motorradeldorado Schwäbische

Alb. Ein Mittelgebirge mit allem, was das Herz eines Bikers erfreut. Eigentlich könnten wir die restlichen Tage der Reise in dieser Region zubringen und Burgen besichtigen, Höhlen erforschen oder einfach nur durch die schöne Landschaft wandern beziehungsweise kurven. Nachdem wir etwas vom Weg abgekommen sind („Lass doch Navi Navi sein. Früher ging es auch ohne!") und die Hochalb aus dem Bauch heraus erklimmen, geht es bergauf und bergab mit teilweise 18 Prozent Gefälle über Unter- und Oberböhringen nach Bad Überkingen. Ein gediegener Kurort, allerdings auch mit vielen jungen Leuten, da eine Berufschule im Ort ansässig ist. Viele Bewohner arbeiten im Stuttgarter Raum, denn dieses Ballungszentrum ist nur 60 Kilometer entfernt. So nehmen die Menschen den langen Weg in Kauf, um sowohl einen sicheren Broterwerb als auch ein Leben in der Natur zu haben. Da die Höhen bis über 800 Meter liegen, hat es hier im Winter Schnee.

Wir besuchen die Stadt Geislingen, die zu Luthers Zeiten zur Reichsstadt Ulm gehörte. Heute ist sie geprägt von der Industrialisierung im Allgemeinen und der Württembergischen Metallfabrik (WMF) im Besonderen. Die Kultur der gepflegten Tischmanieren wird durch die Kreationen aus Geislingen gefördert und gepflegt. Das Essen mit Messer und Gabel ist menschlich nicht angeboren, also nicht selbstverständlich, sondern eine mühevoll trainierte Kulturleistung. Wer einmal in einem Museum Ess-Besteck aus der Zeit Luthers entdeckt, wird sich wundern, wie unsere Vorfahren mit diesen groben Werkzeugen essen konnten, ohne sich damit zu verletzen. Da kann ich nur froh sein, dass schon früher geniale Konstrukteure wie zum Beispiel Gottlieb Daimler in Geislingen gearbeitet haben – auch wenn es nur an den Maschinen gewesen ist. Denn die braucht es ja, wenn das Essgeschirr glatt und schön dem Munde schmeicheln soll.

Als uns der Weg nordwestlich Richtung Göppingen gewiesen wird, steht auf dem Hinweisschild St. Gotthardt. Ich schmunzle unter meinem Helm und denke in Anspielung auf den Schweizer Alpenpass: „Jedem Gebirge seinen Gotthardt!" Dann lese ich den Namen Uhingen und sofort werde ich nervös: Hier tüftelt noch ein genialer Konstrukteur, es ist die Gespannschmiede Mobec. Ein großer Laden. Heute leider geschlossen. Nicht nur die Pfarrer machen meist am Montag frei, weil sie das Wochenende im Dienst waren, sondern auch schwäbische Selbständige. Zum Glück gibt es einige Schaufenster, durch die ich wegen der Sonne nur unter der Hand ein paar schöne und interessante Konstruktionen sehen kann.

Als ich Tölpel vor dem Laden frisches Wasser in den Napf fülle und mich auch selbst an die Pulle hänge, entdecke ich auf meinem Hinterreifen merkwürdige Spuren. Das soll so nicht sein: Der Hinterreifen ist voller Ölflecken. Aber wieso? Da die MZ kein Motoröl besitzt, das neue Bullauge bedeckt und der Zweitaktöltank somit nicht trocken ist, bleibt nur noch der Kettenkasten als Quelle übrig, denn der Sekundärantrieb läuft bei der MZ dauergeschmiert in Fett. Und tatsächlich: Unsere Reise ist so heiß, dass das Fett im Kettenkasten so fließend wird, dass es aus dem Kettenkasten tropft. Direkt auf den Hinterreifen. Zum Glück bin ich nicht solo unterwegs, sondern habe ein Stützrad und dieser Schmierkram bleibt ohne Folgen. Die Umwelt musste allerdings ein wenig leiden. Der Kettenkasten ist über die letzten heißen Tage komplett trocken gelaufen. Er wirkt geradezu ausgebrannt. So schön diese Konstruktion im Allgemeinen ist, hat sie diesbezüglich im Hochsommer ihre Schattenseite.

Das Stuttgarter Ballungszentrum umkurven wir östlich, indem wir genüsslich durch diese bildhübsche Region bummeln. Sie ist ein Schmankerl für die Augen und ein Traum für Motorradtouristen. Über Schorndorf gondeln wir nach Backnang. Dann betreten wir das Burgenland, wo die staufische Lichtenburg bei Oberstenfeld uns auf das nächste Ziel dieser Luther-Tour einstimmt: Burg Hornberg. Wir „er-fahren" die Löwensteiner Berge und umrunden Heilbronn nordöstlich über das Autobahnkreuz Weinsberg. Hier geschah also damals der größte Fehler der deutschen Bauernschaft in der Geschichte. Weinsberg war ein Pyrrhussieg, ein kurzfristiger Erfolg mit langfristigen negativen Folgen. Eine politische Katastrophe. Opfer werden zu Tätern, um dann mit gutem Grund wieder geopfert zu werden, ohne dass sich ihr Schicksal ändert. Welch eine menschliche und geschichtliche Tragödie.

Die alte Burg Hornberg bei Neckarzimmern erreichen wir problemlos, indem wir bei Neckarsulm die Autobahn verlassen, um dann nördlich am Neckar entlangzucruisen.

In Neckarsulm liegt die Geburtsstätte der NSU-Motorräder. Weitere Meilensteine der Technik setzten auch die Automobile NSU Prinz oder Ro 80. Heute ist das Kürzel NSU durch eine rechtsradikale Gruppierung in Verruf geraten, die so gar nichts mit der alten Traditionsmarke zu tun hat. Das ansässige Zweiradmuseum ist dafür ein stichfester Beweis, und die NSU-Straße in Neckarsulm huldigt garantiert nicht dem Rechtsradikalismus, sondern der schon 1886 gegründeten „Neckarsulmer Strickmaschinen Union". Ob die Buchstabenkombination NSU aus diesem Fabriknamen oder einfach aus der Zusammenstellung der beiden Stadtflüsse Neckar und Sulm entstanden ist, wurde nicht zweifelsfrei überliefert. Sicher ist die frühe Umstellung der Fabrikanlagen auf die Herstellung von Fahrrädern und ab 1901 auch auf die Produktion von Motorrädern. Nach kurzer Zeit prägte jedenfalls das Kürzel NSU als Logo die Maschinen, mit denen das schwäbische Unternehmen weltberühmt wurde. Sie konstruierten so tolle Zweiräder wie NSU Quickly oder Fox mit Zweitaktmotoren, NSU Max oder Supermax mit Viertaktmotoren und so schnittige Motorroller wie NSU Konsul und Lambretta. Im Rennsport gab es etliche nationale wie internationale Erfolge mit heiß gemachten NSU Flitzern wie Sportmax oder Rennmax. Der Geschwindigkeitsrekord in Bonneville/Amerika mit einer kompressorbestückten NSU 500 liegt bei fast 340 km/h. Leider zog sich NSU zuerst aus dem Rennsport und dann aus dem Zweiradbau zurück, um sich ganz und gar dem Automobil zu widmen. 1969 fusionierte NSU mit Auto Union und zog danach als Audi nach Ingolstadt um. Somit verschwand der traditionsreiche Markenname aus Neckarsulm in dem großen Fusionskonglomerat der heutigen Volkswagen AG. Was von NSU neben den vielen Erinnerungen blieb, ist das Zweiradmuseum und die NSU-Straße in Neckarsulm. NSU hätte es eigentlich verdient gehabt, als fünfter Ring im Audi-Logo aufgenommen zu werden.

Schon bei der Anfahrt nach Neckarzimmern entdecken wir die Burg Hornberg von weitem oben auf dem Berg thronend. Hier verbrachte Ritter Götz von Berlichingen seinen Lebensabend. Eine äußerst nette Seniorenresidenz!

Seine Weggenossen Franz von Sickingen und Ulrich von Hutten hatten es am Ende nicht so gut getroffen und konnten den Lebensabend nicht mit adligem Weinbau am Neckar verbringen. Ulrich von Hutten reiste umher und lebte, nachdem er sich in Leipzig mit der Syphilis infiziert hatte, in Wittenberg, wo er auch Martin Luther kennen lernte und ihm ganz begeistert seine Hilfe und seinen militärischen Beistand anbot. Wahrlich ein Rittersmann. Er erkundete Italien und residierte wieder ab 1514 ein paar Jahre lang in Mainz. Er veröffentlichte sogar einige Dichtungen in lateinischer Sprache. Der Humanist Ulrich von

Hutten gilt als der Gebildete unter den ritterlichen Haudegen. Er kritisierte Kirche und Papst als auch den König der Humanisten, Erasmus von Rotterdam, was ihn sehr mit Martin Luther verband. Trotzdem kamen die beiden politisch und gesellschaftlich nicht zusammen, weil der Rittersmann Hutten ähnlich wie Thomas Müntzer die soziale Revolte befürwortete. Auch mit Erasmus von Rotterdam hatte sich Ulrich Hutten überworfen, weil seiner Meinung nach zu wenig soziale Taten vom gepredigten Humanismus, den Erasmus vertrat, ausgingen. Am Ende, als die Krankheit ihn schon stark gezeichnet hatte und die Reichsacht auch über ihn verhängt war, wurde er vom Reformator Zwingli in der Schweiz aufgenommen und bekam dort sein Gnadenbrot. Er starb im August 1523 an den Folgen der Syphilis. Sein Grab befindet sich am Zürichsee in Ufenau. Den „armen Ritter" gibt es also nicht nur in der traditionellen Küche, sondern auch in der Geschichte.

Der Ritter Franz von Sickingen war wie sein Gesinnungsgenosse Ulrich Hutten enttäuscht von der viel zu weltlichen Kirche und begeistert von der reformatorischen Idee. Beide taten sich zeitweise zusammen, um eine schlagkräftige Ritterschaft zu bilden. Der gut betuchte Franz von Sickingen schlug 1522 zu, indem er den Krieg gegen das Kürfürstentum Trier eröffnete. Das war nichts Neues, hatte er doch schon 1515 zusammen mit Götz von Berlichingen die Fehde gegen die Reichstadt Worms geführt. Von irgendetwas musste man als Ritter ja leben. Und er lebte nicht schlecht, hatte sich schon die eine oder andere Burg verdient. Als Fan von Martin Luther bot er dem Wittenberger Reformator ritterliches Asyl an. Überhaupt war seine Geburtsstätte, die Ebernburg bei Bad Münster, eine fidele Sammelstelle für reformatorisch Gesinnte, die wegen ihres Glaubens verfolgt wurden. Man nannte sie die Herberge der Gerechtigkeit.

Hatte Kaiser Karl V die Fehde gegen Worms noch geduldet, weil er selbst bei Franz von Sickingen ein Darlehen aufgenommen hatte und in seiner Schuld stand, so rebellierten jetzt die Fürsten gegen dieses raubritterische Verhalten von Franz von Sickingen. Sie griffen, ähnlich wie bei den Bauern, militärisch hart durch. Nachdem der hereinbrechende Winter die Belagerung der Stadt Trier durch Ritter Franz beendet hatte, belagerte im kommenden Frühjahr das Heer der Fürsten Franz von Sickingen auf seiner Burg Naustein bei Landstuhl. Er musste nach zwei Tagen kapitulieren, wurde selbst beim Beschuss der Burg schwer verletzt und erlag am 7. Mai 1523 seinen Verletzungen. Das war das bittere Ende des ritterlichen Idols des niederen Adels. Somit konnte der arme Kaiser sein Darlehen an Franz von Sickingen leider nicht mehr zurückzahlen. Ein Schelm, wer dabei Böses denkt.

Der fast gleichaltrige Zunftkollege Götz von Berlichingen wollte länger leben als seine Ritterbrüder und nahm diese brutalen Zeitzeichen der landesherrlichen Fürsten zum Anlass, umzudenken. Seit dem Landfrieden von 1495 und dem beginnenden Ende des Feudalismus waren stattliche Rittersleute immer weniger gefragt. Auch die Kriegsführung hatte sich geändert. Der Kampf Mann gegen Mann war nicht mehr zeitgemäß. Schon 1505 musste Götz von Berlichingen das schmerzlich am eigenen Körper wahrnehmen, da seine Hand durch eine Schussverletzung – wie hinterlistig – so schwer geschädigt wurde, dass er von nun an rechts eine Prothese aus Metall tragen musste. Damit ging er als Ritter mit der eisernen Hand in die deutsche Geschichte und in die spätere Literatur ein. Da dieses Gestell noch im Original vorhanden ist, kann man den Prothesenbau des Mittelalters in der Burg Jagsthausen bewundern, die gute 30 Kilometer östlich von Neckarzimmern liegt und Stammsitz der Familie von Berlichingen war. Ritter Götz konnte mit diesem genialen, in mühsamer Handarbeit entstandenen Stück Technik das Schwert halten und sogar damit kämpfen. Bis 1523. Dann war Schluss, denn das Schicksal der treuen Kollegen Franz und Ulrich mahnte ihn überdeutlich zum geordneten Rückzug, denn auch er war schon einmal 1512 mit der Reichsacht bestraft worden. Die späteren Bauernkriege schmerzten ihn als ehemaligen Ritter für Recht und Freiheit allerdings sehr, fühlte er sich doch als ehrenhafter Rittersmann stets den Armen und Schwachen sozial verpflichtet. Er betrat jedoch nie mehr die große deutsche Bühne des gesellschaftlichen Umbruchs, starb nicht im ritterlichen Kampf, sondern alt und weise 1562 auf der Burg Hornberg mit Blick über die steilen Weinberge hinab auf Neckarzimmern. Ein gut gewählter Alterswohnsitz.

Noch heute ist dieser Ort eine Augenweide inmitten von Weinbergen. Fast schon spirituell. Die Burgruine thront ganz oben auf dem Bergkamm mit einem angrenzenden Waldstückchen. Etwas unterhalb der Ruine liegt die Burganlage, die heute ein Restaurant, ein kleines Hotel und – wie sollte es hier anders sein – einen einladenden Weinladen beherbergt. Alles wirkt bedacht unaufdringlich und stört das mittelalterliche Flair der Gesamtanlage nicht. Hier oben kann ich meine kindlichen Burgfantasien wieder aufleben lassen und bin auf einmal mitten drin im Mittelalter. Schon das Eintreten durch das riesige alte Holztor der Burg lässt mich nicht kalt, obwohl der gerade durchschrittene Wehrturm an diesem Sommertag so herrlich Schatten spendet. Beim Gang zur Burgruine on the top schaue ich mir die alten Mauern und Türen genau an und staune, was die Leute damals alles schon gebaut haben. Oben angekommen, stehe ich vor einer modernen Drehtür aus Metallgittern, die ein bisschen aussieht wie ein mittelalterlicher Hexenkäfig. Weiterer Zugang nur nach Bezahlung. Ich suche den Schlitz für die Groschen, finde aber keinen. Stattdessen finde ich den kleinen Hinweis, dass der Schlitz nur eine Karte frisst, die jedermann im Weinladen oder in der Gastwirtschaft erwerben kann. Wer also nicht zweimal die mittelalterliche Mauertechnik bewundern will, weil er wieder zurückmarschieren muss, um diese Karte zu kaufen, sollte schon beim Aufstieg an die Eintrittskarte für oben denken. Mein Tipp für gestiefelte Motorradfreunde mit Protektoren-Rüstung.

Unterhalb der Burg Hornberg fließt der Neckar, dazwischen nichts als Weinberge. Die füllten schon damals die Rentenkasse von Götz von Berlichingen auf. Heute führt eine kleine steile Straße mitten hindurch zur Burg. Schon unter an der B 27 ist ein Hinweisschild zu finden, ob die Burganlage oben auf dem Berg geöffnet oder geschlossen ist. Die Auffahrt lohnt sich für einen Zweiradfahrer immer, denn das Erklimmen des Berges ist ein Augenschmaus, weil immerzu Stellen mit toller Fernsicht auftauchen. Vor dem alten Burgtor wartet ein kleiner Platz mit einer Bank, die zum erholsamen Verweilen einlädt und auch genutzt werden kann, wenn das Tor geschlossen sein sollte. Hier kann jedes Geschöpf seine Beine vertreten, egal ob Zwei- oder Vierbeiner.

Aufgepasst: Auf dem steilen Terrain und dem spärlichen Platz der schmalen Bergstraße kann der verführerische Fernblick schon mal die saubere Linie verhageln. Guckst du blöd, fährst du blöd! Oben vor dem Wehrturm ergibt sich kein Problem, wenn die Tore offenstehen und man das Motorrad auf dem Burghof wenden kann. Sind die Türen zum Hof allerdings geschlossen, steht nur ein kleiner schräger Vorplatz dem Wendemanöver zur Verfügung. Dann wird's kniffelig. Ritterlicher Mut und handwerkliches Können sind gefragt.

Beim Fotografieren muss ich mich jedenfalls mächtig beeilen, denn das MZ-Gespann bewegt sich plötzlich langsam ruckweise hangabwärts. Die Kompression des kleinen Zweitakt-Motors kann das beladene Fahrzeug in dieser steilen Stellung nicht lange halten. Und eine Handbremse gibt es an der MZ nicht. Also bereite ich alles für den schnellen optischen Klick vor und beruhige Tölpel, die ein herrchenloses, aber rollendes Gespann ganz und gar nicht vertrauenswürdig findet. Spätestens nach drei taktvollen Sprüngen des Gespannes verbunden mit zirka einem Meter Wegstrecke bergab ist mein schönes Arrangement für das Foto dahin oder besser gesagt: aus dem Bild gefahren. Ich springe hinterher, um es nicht ganz aus den Augen zu verlieren. Es reicht gerade für ein paar Klicks. Dann renne ich los wie beim Start von Le Mans, um Hund und Motorrad vor dem Absturz zu retten. Ich vermute, Tölpel hat Burg Hornberg zwiespältig in Erinnerung. Einerseits eine herrliche Natur mit super vielen Schnüffelnachrichten, andererseits ein hangabwärts springendes Gespann ohne Herrchen, der unbedingt noch fotografieren muss. Tut das Not?

20. WORMS:

Gut sein, wenn's drauf ankommt

Jetzt ist eine kluge Entscheidung gefragt. Wir sind in einem kulturellen Ballungsgebiet und haben nur begrenzt Zeit. Was tun? Von Neckarzimmern wäre es nicht weit nach Sinsheim, wo ein megagroßes und total interessantes Technik-Museum mit allem aufwartet, was der internationale Maschinenbau zu Land und zu Luft hergibt. Dort könnte ich ohne Probleme einen ganzen Tag verbringen. Auf dem Gelände gibt es drinnen und draußen Motorräder, Automobile, Hubschrauber und Flugzeuge aller Art. Selbst Kino und Popkorn sind im Angebot. Und zur Erinnerung oder Vertiefung des Gesehenen hält der Merchandising-Shop alles parat, was Technikfreaks und ihre Angehörigen interessieren könnte: Anstecker, Bücher, Caps & Cups und so weiter und so weiter. Das volle Programm. Die ganze Familie wird versorgt, groß und klein, technik- oder konsumbegeistert, benzin- oder fressgesteuert. Für alle und alles ist gesorgt, mit einer Ausnahme: Hunde müssen draußen bleiben. Damit ist der Entscheid klar: Wir bleiben auf der Strecke.

Alternative zwei wäre ein touristischer Ausflug nach Heidelberg, wo Hans Eberspächer als Professor lehrte. Das wären gut 40 launige Kilometer durch eine wunderbare Landschaft. Also ein entspanntes Motorradvergnügen zum Ausklang des sonnigen Tages. Martin Luther musste sich 1518 in dieser alten Universitätsstadt vor seinen Ordensbrüdern wegen seiner 95 Thesen rechtfertigen, weil er bei der Ordensleitung wegen seiner Veröffentlichung angeschwärzt worden war. Das Treffen unter Männern führte allerdings zu keiner Disziplinierung von Bruder

Martin, sondern eher zu einer Solidarisierung mit Doktor Luther, denn sehr viele Menschen innerhalb und außerhalb der Kirche sehnten sich nach Veränderung und dachten wie er. Gut ist, wenn einer mal den Mund auftut.

Als Curbs-Infizierter könnte ich auch auf dem Weg zum Rhein noch den Hockenheimring anfahren, um die lokale Selbsthilfegruppe der Gaskranken zu besuchen. Die Frage ist allerdings, ob die mich überhaupt mit meinem Old-school-Reitwagen anerkennen würden, denn normalerweise fährt man bei diesem Hochgeschwindigkeitskurs mit anderem Gerät vor. Selbst mein motorisch nicht ganz unterversorgtes V-Max-Gespann kam hier schnell an seine Grenzen. Der Hockenheimring fordert schnelleres Gerät als die MZ. Also gestorben. Samt Heidelberg.

Schließlich glotze ich wieder einmal auf meine magische Glaskugel namens Navigationsgerät und tippe Worms ein. Soll doch das Navi über meine Route entscheiden und mir sagen, wo es auf kürzester Strecke ohne Autobahn langgeht. Die Wahl ist nicht die Schlechteste und führt uns ganz entscheidungsfreudig Richtung Nord-West. Wir überqueren bei Obrigheim den Neckar, rauschen mit der Emme querfeldein nach Hirschhorn und setzen nochmals über den Neckar. Da ich etwas verwirrt bin ob der zweiten Neckarüberquerung, muss die Karte zu Rate gezogen werden und erklärt mir, dass der Fluss hier einen großen Bogen schlägt, so dass das Navigationsgerät Recht behält. Na gut. Nun erfahren wir die südliche Region des Odenwaldes und sind hin und weg, das heißt ruckzuck in Weinheim.

Der Traum der kleinen Straßen inmitten schöner Natur ist zu Ende. Jetzt umkurven wir das industrielle Ballungsgebiet von Mannheim und Ludwigshafen nördlich über die Autobahn. Dabei überqueren wir, wegen des starken Verkehrs fast unbemerkt, den ach so schönen Rhein. Wir bleiben auf der Hochgeschwindigkeitstrasse und erreichen die mittelalterliche Stadt Worms an der flüssigen Grenze des alten Römischen Reiches. Martin Luther reiste damals auch hierher. Gezwungenermaßen, auf Vorladung des Kaisers.

Die Stadt Worms begrüßt uns kompetent und freundlich, denn in der Touristinformation bekommen wir ausführliche Handreichungen zu Martin Luther. Da ich dort auch nach einer Unterkunft frage, wird mir gleich ein Hotelzimmer vermittelt. Vorab wird fürsorglich beim anvisierten Hotel abgeklärt, ob im Hause Hunde erlaubt sind, um Tölpels Übernachtung sicher zu stellen. Am Ende führen wir noch ein fachmännisches Benzingespräch in Bezug auf unser exklusives Fahrzeug, denn die eine Angestellte offenbart uns, dass sie selbst mit ihrem Mann ebenfalls ein altes Gespann fährt. Sofort fühlen wir uns in Worms herzlich angenommen und sehr wohl.

Unser kleines Hotel liegt direkt am Dom, so dass unsere touristische Erforschung Worms zu Fuß gestalten werden kann. Tölpel freut sich riesig über den ausgedehnten Spaziergang. Am Rheinufer sitzen wir unter schattigen Bäumen und nehmen eine Erfrischung in der angenehmen Spätsonne des Tages. Tölpel schlabbert frisches Wasser und ich zische ein Bierchen. Der Rhein hat doch was. Bei Worms sogar eine Rheingütestation. Sie misst die Wasserqualität des Flusses. Ob es auch ein deutsches Reinheitsgebot für das Rheinwasser gibt, entzieht sich allerdings meiner Kenntnis. Das Deutsche Reinheitsgebot für Bier stammt jedenfalls aus Luthers Zeiten. Seit 1516 unterliegt das Gebräu bei uns in Deutschland einem Qualitätsstandard. Auch der Reformator war dem Biere nicht abgeneigt gemäß des mittelalterlichen Wahlspruches: Sich freuen ist nichts Böses! Außerdem war an vielen deutschen Orten im Mittelalter die Wasserqualität so schlecht, dass selbst schon Kinder Bier trinken durften. Vom Wasser wäre ihnen übel geworden. Frisch gestärkt umlaufen wir einmal die Altstadt, die uns zeigt, wie groß damals solche Städte gewesen sind: klein im Vergleich zu heute. Wir entdecken in Worms das Nibelungenmuseum, das Rote Haus, ein überaus imposantes Lutherdenkmal, die Stadtmauer und den nicht ganz kleinen Dom. Natürlich gibt es über diese Stationen hinaus noch vieles mehr zu sehen. Besonderer Besucher-Magnet ist der Marktplatz. Einerseits weil er wirklich beeindruckend ist mit reichlich schöner Bebauung drumherum und andererseits weil dort ein in der ganzen Region bekannter Eisladen seine kühlen Köstlichkeiten anbietet und die lange Schlange der Schlemmerfreunde im Sommer erst zur späten Abendstunde abreißt. Hier ist gut bleiben.

Martin Luther musste hier 1521 beim Reichstag antanzen. Nachdem 1519 in Augsburg lediglich seine 95 Thesen von der päpstlichen Kurie bemängelt wurden, sollte er jetzt seine gesamte neue Lehre widerrufen, die inzwischen durch drei gedruckte Hauptwerke weit über Deutschland hinaus bekannt war. Martin Luther hatte an den christlichen Adel deutscher Nation geschrieben und von der babylonischen Gefangenschaft der Kirche berichtet. In einem weit über seine Zeit hinaus weisendes Plädoyer auf das eigene Gewissen verfasste er das protestantische Werk: Von der Freiheit eines Christenmenschen. Dieses Manifest der Freiheit ging herum in Europa. Nun sollte Luther unter dem immensen Druck von Papst, Kaiser und Fugger widerrufen.

Alle konservativen Machtvertreter von Kirche, Staat und Wirtschaft hatten sich dazu in Worms eingefunden. Jetzt wollten sie diesem kleinen dreisten Pfaffen aus der Provinz endlich das Maul stopfen. Die Causa Lutheri, der Fall Luther, sollte jetzt und hier ein Ende finden. Entweder erklärte sich der Ketzer selbst für verwirrt und widerrief seine Werke als falsch oder er würde politisch geächtet. Damit wäre er vogelfrei und wie das Vieh jedermann zur Willkür ausgesetzt. Nachdem schon die katholische Kirche über Martin Luther den Bann gesprochen hatte, käme dies der Gesetzlosigkeit Luthers gleich. Sein Tod wäre erwünscht, seine Ermordung hätte keine rechtlichen Folgen. Im Gegenteil war seine Eliminierung durch den Bann kirchlich motiviert und durch die Acht staatlich legitimiert.

Der inzwischen berühmte junge Professor Doktor Martin Luther stand also mächtig unter Druck. Hatte er sonst in Wittenberg an der Universität sein treues Kollegenteam um sich, das ihn intellektuell und emotional stützte, so musste er hier, fern der Heimat, ganz allein auf sich gestellt, Rede und Antwort stehen. Gut 100 Jahre vorher war der tschechische Theologe Jan Hus 1415 nach Konstanz zitiert worden. Die gleiche Situation wie jetzt. Die Mächtigen hatten dem Rektor der Universität in Prag damals wie jetzt dem Professor der Universität Wittenberg freies Geleit versprochen, egal wie er sich entschied. Doch nachdem Hus nicht widerrief, wurde er entgegen der Zusicherung vor Ort auf dem Scheiterhaufen verbrannt. Martin Luther kannte diesen Vorfall und hatte sich erst 1520 selbst mit Jan Hus verglichen, indem er schrieb: „Wir alle sind unbewusst Husiten."

Das sind die Lebensmomente, so sagt Hans Eberspächer, „wo Baumwolle rostet", wo man sich in die Hosen macht. Jetzt heißt es, Nervenstärke zu bewahren, cool zu bleiben und wie ein Profi seine mentalen Fähigkeiten zu zeigen. Für Martin Luther bedeutete das, zu sagen, was zu sagen war. Hoch konzentriert und ruhig sprach er vor der versammelten Prominenz des Reiches, als ob er vor jungen Studenten in Wittenberg stünde, um seine neuen theologischen Erkenntnisse vorzutragen. Und genau jetzt, wo es darauf ankam, knickte er nicht ein, sondern tat das, was

Hans Eberspächer knapp 500 Jahre später psychologisch darlegt: gelassen bleiben, sich seiner Stärken bewusst sein, antrainiertes Verhalten routiniert abspulen. Das Kopfkino ausschalten. Wer in einer solchen Situation daran denkt, was alles passieren könnte, hat schon verloren. Genau das Gegenteil: Ich kann das, ich habe das geübt, ich bin darin gut. Also wird es klappen.

Beim Motorradfahren ist das nicht anders. Deshalb stellt Hans Eberspächer bei seinen Vorträgen vor Bikern die Verbindung von Luther zur perfekten Ideallinie her: Vor der Fahrt entspannen, Unterlippe hängen lassen. Kopfkino ausschalten, nur im Jetzt sein. Kein Was-wäre-wenn. Die Ideallinie ist im Kopf, wurde tausendfach trainiert. Jetzt muss sie nur noch abgerufen werden. Gelassen und emotionslos. Das gilt übrigens nicht nur für die Ideallinie, sondern für alle Stresssituationen im Motorradsattel, egal ob Notbremsung, Ausweichmanöver, Öl auf der Fahrbahn oder Rollsplitt in der Kurve. Ist es nicht erstaunlich, dass wir modernen Biker noch so viel vom alten Luther lernen können?

Jedenfalls hielt Martin Luther damals in Worms diesem unbeschreiblichen psychischen Druck stand – immerhin redete er um sein Leben – und verteidigte auf dem Reichstag vor allen Leuten seine Werke als bibelgemäß und seinem Gewissen verpflichtend. Damit machte er allein die Bibel zum Fundament des christlichen Glaubens – nicht die Autorität des Papstes oder die kirchlichen Traditionen – und stellte das Evangelium höher als die institutionelle Kirche. Das Gewissen erhielt erstmalig den Status der individuellen Verantwortung und wurde von Luther dem Staat verpflichtend ins Gesetz geschrieben. Martin Luther widerrief nicht und schloss seine historische Verteidigungsrede mit den legendären Worten: „Hier stehe ich und kann nicht anders. Gott, helfe mir. Amen."

Danach jubelte nicht nur das Volk, sondern innerlich auch die für Reformen offenen Fürsten, denn Martin Luther war inzwischen so etwas wie eine ideologische Integrationsfigur, die auf einzigartige Weise in Worms den etablierten ewig Gestrigen die Stirn geboten hatte. Über Flugblätter verbreitete sich diese Heldentat wie ein Lauffeuer über ganz Europa. Es war nicht mehr zu löschen, auch wenn Martin Luther nach diesem Auftritt beim Papst in Ungnade fiel und der Kaiser die Acht über ihn verhängte. Der mutige Professor aus Wittenberg wurde zum Medienstar der damaligen Zeit. Unzählige Hoffnungen und Wünsche der Menschen wurden auf ihn übertragen. Alles was er tat und sagte, wurde überall aufgeschrieben, gedruckt und veröffentlicht. Eine wilde Zeit. Der 18. April 1521 bleibt in der Weltgeschichte unvergessen. Es ist die kulturelle Geburtsstunde dessen, was wir heute Gewissen nennen.

Um diesen mutigen Kampf um die Freiheit zu würdigen, wurde in Worms am Ende des 19. Jahrhunderts das größte Lutherdenkmal der Welt aufgestellt. Es zeigt alle wichtigen Vertreter der Reformation samt ihrer Vordenker. Wer sich für dieses beeindruckende Monument etwas Zeit nimmt, bekommt bei einer ausführlichen Besichtigung einen tollen Einblick in den gesamten reformatorischen Prozess des Mittelalters.

Martin Luther steht als Reformator in zentraler Position. Diese Statue wurde mehrmals nachgegossen und steht als typisches Luther-Denkmal in aller Welt verteilt. Als Weggefährten entdeckt man das Sprachgenie Philipp Melanchthon, der das Bekenntnis „Confessio Augustana" verfasste und dem Reichstag vortrug, Johannes Bugenhagen, der die neue evangelischen Kirche rechtlich verfasste, Friedrich der Weise, der politische Schutzherr Luthers, Johann der Beständige, der jüngere Bruder Friedrichs, der ebenfalls als nachfolgender Landesherr Sachsens

Martin Luther die Treue hielt, Philipp der Großmütige, Kurfürst von Hessen, der ebenfalls die Reformation mit den anderen zusammen stützte, und natürlich die alten Haudegen Ritter Franz von Sickingen und Ulrich von Hutten. Auch der Schweizer Reformator Huldrych Zwingli ist zu sehen, der dem todkranken Hutten das Gnadenbrot gewährte und sich mit Martin Luther in Marburg zum Religionsgespräch traf. Johannes Calvin, Reformator der zweiten Generation, steht dort als Hugenottengründer, der aus Frankreich in die Schweiz floh, um in Genf zu wirken und dort entkräftet zu sterben. Aufgestellt wurde auch Justus Jonas, der Anwalt der Reformatoren, der als Theologe und Jurist die Reformation rechtlich etablierte. Als Vorbereiter reformatorischer Gedanken wird an Petrus Waldus erinnert, der Gründer der Waldenser, der schon im 13. Jahrhundert den exklusiven Anspruch der katholischen Kirche kritisierte und von dieser daraufhin Predigtverbot bekam. Auch an den englischen Theologen John Wyclif wird gedacht, der im 14. Jahrhundert den Machtanspruch von Papst und Kurie bestritt. Als er dann anfing, die heilige lateinische Bibel ins Englische zu übersetzen, fiel es völlig in römische Ungnade. Obwohl er 1384 während einer Messe durch einen Schlaganfall im toleranten England starb, rächten sich 1428 die katholischen Eroberer noch an ihm, indem sie seinen Leichnam exhumierten und die Gebeine des Häretikers verbrannten. Als weiterer Vordenker steht in Worms Girolamo Savonarola, der kurz vor Martin Luther die Missstände der römischen Kurie beklagte. Er erhielt ebenfalls Predigtverbot und als er sich nicht daran hielt, wurde er 1498 hingerichtet. Das gleiche Verfahren wie beim Tschechen Jan Hus 1415, der selbstverständlich auch zum Wormser Denkmal gehört. Ich finde auch noch die Gestalt des gelehrten Humanisten Johannes Reuchlin, der Onkel von Melanchthon, der die hebräische Sprache lehrte und sich vehement gegen die katholischen Dominikaner stellte, da sie gegen die Juden hetzten.

Obwohl sich Worms heute in erster Linie als Nibelungenstadt präsentiert, lautet mein Tipp: Besuche diese interessante Stadt, schaue dir alles an, genieße ein wunderbares Eis und grüße mir die netten, kompetenten Menschen im Touristenbüro.

21. BAD MÜNSTER:

Herberge der Gerechtigkeit

Glücklich verlassen Tölpel, die MZ und ich Worms Richtung Alzey. Es verspricht heute wieder heiß zu werden. Wir knattern ganz gemütlich durch die Natur und genießen die Frische des Morgens. Die kleinen Straßen und Dörfer in Rheinland-Pfalz begeistern uns. Die Stimmung steigt und ich summe unterm Helm schon am frühen Morgen meinen alten Ohrwurm: „70, 80, 90". Welch eine Wohltour.

Die Stadt Alzey erwartet uns mit Baustellen und Verkehr. Wir rauschen einmal bergab hinein in die Stadt und dann wieder bergauf hinaus, da sie in einem Tal liegt. Zweimal kreuzen wir eine Autobahn, weil die Stadt von der A 61 und der A 63 ummantelt wird. Der Verkehrsanschluss von Alzey ist dadurch perfekt.

Für den Motorradfahrer gerät die folgende Strecke nördlich der rheinhessischen Schweiz zum perfekten Vergnügen: Schöne kleine Straßen, wenig Verkehr und Augenschmaus links und rechts. Von östlicher Flanke erreichen wir Bad Münster, einen Kurort. Auch Franz von Sickingen hätte also eine schöne Seniorenresidenz haben können.

Bad Münster mit seinen schönen Parks und dem für einen gesunden Atem sorgenden Gradierwerk liegt an der Nahe. Wir durchstreifen den Ort im Bummeltempo, denn viele ältere Kurgäste suchen langsam fahrend, manchmal unvorhergesehen bremsend ihre Bleibe beziehungsweise die Örtlichkeit, die besucht werden will. Wir sind entspannt und schauen den Alten friedlich zu. Wer weiß, wie wir in dem Alter Gespann fahren?

Am Ende des Ortes Bad Münster kommt der Ortsteil Ebernburg, der früher eigenständig war. Hier beherrscht nicht der Kurbetrieb, sondern der Weinanbau das Geschehen. Ein Schild weist uns den Weg zur Burg, so dass wir den Ort sanft umkreisen und durch pralle Korn- und Weinfelder aufsteigen bis hoch zur Ebernburg. Oben auf dem Bergkamm gibt es ausreichend Parkplätze.

Der Blick über das Nahetal ist phänomenal. Die mittelalterliche Burg ist in einem guten Zustand und beherbergt heute eine evangelische Familienferien- und Bildungsstätte sowie ein einladendes Restaurant. Also erfrischen wir uns in luftigen Höhen und probieren das wohlschmeckende vegetarische Angebot samt einer schönen Aussicht. Eine wunderbare Stätte für ein ausgiebiges Päuschen. Etwas unterhalb steht seit 1900 das Hutten-Sickingen-Denkmal. Die beiden Revolutionäre vereint, auch wenn es am Ende schmerzhaft ausging. Irgendwie kann man wohl in bestimmten Dingen nicht aus seiner Haut, auch wenn es unvernünftig ist. Ganz im Tal liegt ein Campingplatz mit der Möglichkeit zu baden. Man kann also durchaus auch länger an diesem schönen Ort verweilen.

Franz von Sickingen hatte Luther nicht nur beim Verhör in Worms den Rücken gestärkt, sondern schaffte nach dem Reichstag in der Burgkapelle seiner Ebernburg die katholische Messfeier ab und führte als einer der Ersten einen protestantischen Gottesdienst ein. Luther honorierte diese ritterliche Treue, indem er eine seiner Abhandlungen über die Beichte Franz von Sickingen widmete.

Kaum zu glauben, dass diese Burg 1523 den Flammen preisgegeben wurde, nur weil sie Stammsitz der Adelsfamilie von Sickingen war. Der Besitzstand der Ritterschaft von Sickingen fiel nämlich dem Exempel des Fürstenheeres zum Opfer, auch wenn die Burg die Herberge der Gerechtigkeit war und beide Seiten mit dem Protestantismus sympathisierten. Aber ideologische und realpolitische Strategien waren in diesem Fall nicht vereinbar. Für den Ritter vom alten Schlag war diese Unstimmigkeit tödlich.

Wir rollen nach einer ausgedehnten Mittagsstunde satt und zufrieden den Hang herunter. Immer wieder suche ich den Blick auf die Burg, als ob ich mich nicht verabschieden kann. Ich muss wohl noch einmal wiederkommen. Irgendwie liegt etwas in der Zukunft. Abwarten. Jetzt fahren wir erst mal zurück nach Bad Münster und weiter nach Bad Kreuznach.

22. MAINZ:

Die Reformation macht Druck

Unser nächstes Ziel heißt Mainz und ich weiß nicht, ob ich singen oder lachen soll? Karnevalstimmung im Hochsommer fällt mir schwer. Die Stadt am Rhein liegt zirka 50 Kilometer östlich. So weist uns das Navigationsgerät Richtung Gau-Algesheim und Ingelheim. Schon mal gehört? Ich nicht. Umso erstaunter sind wir, wie schön es hier ist. Jetzt sind wir endgültig im deutschen Griechenland angekommen. Die Hitze zum Nachmittag ist unerträglich. Die Straße schlängelt sich über hügelige Landschaften, Weinreben säumen den Weg. Wenn es keine Weintrauben sind, stehen auf dem Feld Sonnenblumen soweit das Auge reicht. Ich bin fasziniert und verzaubert. Dann auf einmal das große Aha-Erlebnis, das einzigartige Bekenntnis des Westens zum Osten: In zwei großen Lettern – mindestens drei Meter große Buchstaben – steht MZ mitten auf der Fahrbahn. Das Kfz-Kennzeichen von Mainz. Ein Zeichen. Wir sind auf dem richtigen Weg.

Die Großstadt Mainz begrüßt uns mit großen Straßen und großem Verkehr. Das heißt, wir düsen im hochfrequenten Zweitaktsound auf der vierspurigen Schnellstraße inmitten eines langen Konvois „into the city". Wir gehorchen der Stimme der Navigatorin und kommen rasch an unser Ziel – zumindest fast. Denn kurz vorher berechnet das Gerät plötzlich die Route neu und schickt uns auf einen neuen Weg. Jetzt sind es plötzlich wieder 400 Meter zum Ziel, obwohl wir zuletzt nur noch 50 Meter Entfernung hatten. Typisch Frau, aber wir gehorchen „Herrn Navigatorin". Kaum sind wir um drei Ecken der Innenstadt gezirkelt und nahe an das ausgewiesene Ziel herangekommen, berechnet das Navigationsgerät wieder neu und will uns weitere 400 Meter fortführen. Die spinnen, die Navis. Ich verweigere diesmal den Gehorsam und stelle bei nächster Gelegenheit das Gespann auf einem kleinen Platz mit einer Litfasssäule ab, die gerade mit einem Oldtimer-Gespann fürs Rauchen Reklame macht.

Da fehlt ein „S", denke ich: RAUSCHEN muss es heißen. Mit einem Gespann lebt man im Rausch! Sei es der Fahrtwind, die vorbeiziehende Silhouette der Landschaft oder das Glück bringende Lebensgefühl auf dem motorisierten Dreirad. Das Plakat zeigt allerdings keine kernige MZ mit Stoye-Seitenwagen, sondern ein schönes altes BMW-Gespann mit klassischem Steib-Boot. Let's go West. Die Werbung soll trotz Coolness auch edel wirken. Da hat MZ ein Imageproblem. Die Emme steht für solide Werte wie robust und verlässlich, aber nicht für exklusiven Luxus, den man in der Hochglanzpresse als schön und edel beschreibt.

Wir gehen zu Fuß 150 Meter weiter und finden den Gutenbergplatz, den ich in unser Navigationsgerät eingegeben hatte. Das Problem ist schnell erkannt: Es handelt sich um eine Fußgängerzone. Wir hätten also mit Frau Navigator noch lange um den Pudding fahren können, aber ans Ziel wären wir nie gekommen. Jedenfalls nicht offiziell. Nun sind wir vor Ort und der Schweiß ist uns ins Gesicht geschrieben. Zum Glück gibt es auf dem riesigen Platz eine Oase mit Wasser, Kaffee und Eis. Wir überleben.

Auf dem weiten Areal steht ein großzügiges Denkmal für Johannes Gutenberg, den Erfinder des revolutionären Buchdrucks, der in Mainz geboren wurde und hier verstarb. Der weltberühmte Erfinder aus wohlhabender Familie war kein Zeitgenosse Martin Luthers, sondern lebte von 1400 bis 1468. Sicher ist, ohne diese Erfindung des 15. Jahrhunderts hätte der Erfolg der Reformation nicht stattfinden können. Mussten bis dato alle Bücher per Hand geschrieben werden, was ein immenser und teurer Aufwand war, so konnten jetzt – dank der Erfindung der beweglichen Letter – schnell, günstig und unbegrenzt Bücher gedruckt werden. Die Möglichkeit des Druckens war für alle Schriften Luthers der Garant schneller Bekanntmachung. Ein neues Medium. So entstand schnell eine breite öffentliche Diskussion seiner Inhalte in ganz Europa. Hätten Kaiser und Papst mit altbewährten Mitteln Martin Luther vermutlich mundtot bekommen, so hatten sie gegen die neue Technik keine Chance. Bücherverbrennungen verkamen zu einem rein symbolischen Akt, denn durch die Vervielfältigung war das zu Papier gebrachte Gedankengut nicht mehr gefährdet.

Der Buchdruck gilt historisch als die bedeutendste Erfindung des zweiten Jahrtausends. Da so ein Jahrtausend eine sehr lange Zeitspanne ist, kommt für mich auch die Erfindung des Fahrrades am Ende des 19. Jahrhunderts dazu, denn die Beweglichkeit mit dem Rad hat den Menschen genauso nachhaltig geprägt wie die Technik der beweglichen Letter im Buchdruck. Als das Fahrrad die Bühne der mobilen Menschheit betrat, konnte gleich eine gedruckte Gebrauchsanweisung dem neuen Mobilitätskonzept beigelegt werden. Johannes Gutenberg sei Dank. Dank Nikolaus Otto und Gottlieb Daimler dauerte es nur kurz, bis das Zweirad motorisiert wurde und ein weiteres Kapitel in der Bedienungsanleitung gedruckt werden musste.

Der Mainzer Bub, der damals den Buchdruck gebar, bildete durch seine technische Kulturleistung eine tragende Säule der Reformation, auch wenn er nicht im Denkmalensemble in Worms ausgestellt wird. Er reformierte mit revolutionärer Technik und steht hier nicht zu Unrecht auf dem Mainzer Marktplatz. Allerdings beflügelte diese Technik auch die Verbreitung der Ablassbriefe, die Martin Luther erst aktiv werden ließen. Der Kampf mit Flugblättern und Disputationsschriften war eröffnet und diente Gut und Böse.

Albrecht von Brandenburg war damals auch Bischof von Mainz. Insgesamt war er allein bei den Fuggern in Augsburg mit rund 50.000 Gulden verschuldet, was heute umgerechnet einer Summe von etwa zehn Millionen Euro entspräche. Die Ablassbriefe nutze er gerne. Obwohl sie Papst Leo X eingeführt hatte, um die Kosten des Petersdomes in Rom einzutreiben, spülten sie auch kräftig Kapital in seine weltlichen Taschen. 50 Prozent blieben offiziell bei ihm als Aufwandsentschädigung. Da wundert es niemanden, dass der deutsche Ablasschef, Johann Tetzel, besser dotiert wurde als ein Professor oder Bürgermeister. Als Organisator der „Abteilung Ablasshandel" im internationalen Unternehmen „Katholische Kirche" war Tetzel damals quasi Top-Manager und der erste deutsche Spitzenverdiener unter Albrecht von Brandenburg. Albrecht als Bischof von Mainz war auch noch Bischof von Magdeburg, was nach dem geltenden Kirchenrecht zwar verboten war, aber in der katholischen Kirche geduldet wurde, wenn es dem Machterhalt diente. Außerdem war er nebst vielen anderen Ämtern auch noch Kurfürst. Staat und Kirche waren also nicht getrennt, sondern kulminierten in dieser einen Person, die am Ende auch noch Kardinal der römischen Kurie wurde, obwohl er nachweislich mehrere Liebschaften und Kinder hatte. Aber wir wollen jetzt nicht päpstlicher als der Papst werden.

Supermann Albrecht war als Spreegurke 1490 im Osten Deutschlands geboren. Mit guten Beziehungen und dem Geld der Fugger begann er seine steile Karriere ab 1513 mit dem ersten Bischofsamt. Residiert hat er überwiegend in Halle an der

Saale in Sachsen-Anhalt. Dort war 1515 auch Ulrich von Hutten am Hofe tätig. Ulrich ist bekanntlich nicht dort geblieben, sondern schlug einen sozial motivierten Weg ein. Aber auch der kirchliche Karrieremann Albrecht durfte nicht bleiben, sondern wurde 1541 des Hauses beziehungsweise des Landes verwiesen. Er trollte sich nach Mainz und starb dort 1545. Ein Grabdenkmal Kardinal Albrechts von Brandenburg steht weniger öffentlich platziert im Mainzer Dom. Mehrfachbischof Albrecht war übrigens der Taufpate von Moritz von Sachsen. Wir erinnern uns: Der sprunghafte Judas von Meißen. Charakterschwäche scheint übertragbar. Als Resultat dieser Herrenfreundschaft pflegten Annaberg und Mainz damals kirchenpolitische Beziehungen. Die Welt des Finanzadels war schon im Mittelalter klein, auch ohne die Mobilitätsangebote von Auto und Motorrad.

23. ANDERNACH:

Luther der Biker

Nachdem wir Mainz über den Rhein Richtung Wiesbaden verlassen, zieht es uns rheinabwärts auf der östlichen Rheinseite Richtung Rüdesheim. Die MZ fängt wieder an zu schnurren und langsam entspannt sich die Seele wieder nach dem Großstadtbesuch. Rängtängtäng. Ich mag dieses Geräusch und ich mag den Rhein. Darum entscheide ich für uns, nicht direkt zur nächsten Lutherstätte nach Marburg an der Lahn zu fahren, sondern erst einmal Richtung Lahnstein. Sicherlich ein Umweg. Aber sicherlich auch ein schöner. Somit liegen fast 100 Kilometer Rheinuferstraße mit dem Motorrad vor uns. Ich rolle mit dem Rhein synchron, bin eins mit der Natur und koste diese Freiheit aus. Für dieses Erlebnis auf zwei beziehungsweise drei Rädern hätte der Biker Luther bestimmt Verständnis. Mir gefällt die zeitgemäße Vorstellung, dass der umtriebige Reformator heutzutage statt Pferd und Wagen zum wendigen Zweirad greifen würde, um zwischen den ganzen stressigen Terminen mit den Leuten, die den Stillstand verwalten, wenigstens ein paar Kilometer zwischendurch frischen Wind auf dem Bock zu spüren. Mit seiner Persönlichkeit und seiner Durchsetzungskraft wäre er mindestens Präsident eines Motorradclubs, wenn nicht sogar Chef des Bundesverbandes deutscher Motorradfahrer geworden. Und hätte sich mit aller Vehemenz für uns eingesetzt.

Wie der Rhein, so umkurven auch wir das Rheingaugebirge und tuckern von Rüdesheim über Lorch nach Kaub. Jetzt sind wir wieder in Rheinland-Pfalz. Mitten im Rhein auf einer kleinen Insel liegt die berühmte Zollburg Pfalzgrafenstein. Ansonsten prägt der Weinanbau die Region. Früher kamen noch der Schieferabbau und der Lotsendienst dazu, aber mit der Zeit sind diese Arbeitsfelder verdorrt. Jetzt steigt die Bedeutung des Tourismus.

Martin Luther hat hier keine Spuren hinterlassen, dafür der preußische Generalfeldmarschall Blücher. Ihm ist ein Denkmal an der Straße gewidmet, das daran erinnert, dass er hier den Rhein mit militärischem Geschick überquerte und den französischen Eindringling Napoleon Bonaparte nach Westen zurückdrängte, bis der dort sein Waterloo erlebte. „Ran gehen wie Blücher" heißt es ja noch heute im Volksmund.

Wir gehen jetzt erst mal in die Eisen, denn ein rustikaler Bikertreff lädt uns zum Pausenstopp am Rhein mit fettigen Pommes ein. Wie, gesunde Ernährung und so? Na ja, Ausnahmen bestätigen ja bekanntlich die Regel. Unser Heavy-Metal-Gespann aus dem Osten passt jedenfalls gut zum Ambiente dieses Truck-Stops. Tölpel bekommt vom Betreiber Benno eine Wurst gereicht und wird sich diesen Treffpunkt sicher ganz fett anstreichen.

Kaum sind die Sitzbank und ich wieder eins geworden, steuern wir auf die gefährlichen Kurven der Loreley zu. Nach einer Legende soll hier an diesem hohen Felsmassiv eine bezaubernde Nixe gesessen und mit ihrem Gesang und dem Antlitz ihres goldenen Haares die Schifffahrer auf dem Rhein vom Kurs abgebracht haben, so dass sich dadurch ein Unfallschwerpunkt manifestierte. Nüchtern betrachtet, handelt es sich hier um eine S-Kurve, die mit den engsten Stellen des Rheins für die Schifffahrt aufwartet. Da hat so mancher die Kurve nicht gekriegt. Anfang des 19. Jahrhunderts wurden schwere Gesteinsbrocken unter Wasser gesprengt, damit die leichte Dame Loreley mehr Tiefgang bekam. Heute regeln Ampeln den Verkehr unterhalb der Loreley, die inzwischen UNESCO-Welterbe ist.

In St. Goarshausen bummeln wir weiter wie in Trance an alten Stadtmauern, Burgen und dann wieder an Weinbergen vorbei. Mutter Sonne und Vater Rhein sind unsere treuen BegleiterInnen (um wenigstens einmal die sprachlich qualifizierte Beachtung aller geschlechtlichen Formen zu wahren).

Wir erwachen aus diesem Traum von Motorradtour in Lahnstein. Eine Entscheidung ist gefragt. Schon wieder. Nach Marburg ginge es jetzt über eine weitere Traumroute zwischen Westerwald und Taunus die Lahn entlang nach Hessen. Über Bad Ems, Limburg, Wetzlar und Gießen könnten wir Marburg parallel zum Flusslauf erreichen. Kurven und schöne Straßen garantiert. Der Traum ginge weiter. Da die Reise bis jetzt problemlos verlief, wir gut vorankommen und ich dieses Jahr noch nicht auf dem Nürburgring in der Eifel gewesen bin, schaue ich sehnsüchtig auf die Karte, die mir Nürburg so nahe zeigt. Martin Luther sprach öfter von der Hölle. Wir wollen sie erleben und machen einen kleinen Exkurs zum weltberühmten Ring der Ringe. Meine Motorsportseele sagt: Ja!

Bei Koblenz setzen wir über den Rhein und ankern bei Abenddämmerung in einem kleinen Hotel mit Rheinblick in Andernach. Nachdem das Motorrad in der Altstadt direkt an der alten Stadtmauer geparkt ist, sitze ich kurze Zeit später frisch geduscht auf dem Balkon und erlebe einen unbeschreiblichen Sonnenuntergang: Vor mir der Sommerbetrieb des Flusses, gegenüber auf dem anderen Rheinufer zieht die Sonne zum Abschied des Tages eine irre Farbenshow ab. Das ist wirklich wie Kino. Zu Abend essen wir im Hotel wieder etwas Gesünderes. Die Gassirunde ist klein. Ich bin von diesem wunderbaren Tag ziemlich gebraten.

24. NÜRBURG:

Die grüne Hölle

Mit der Sonne im Rücken packen wir morgens das Gespann. Es ist für mich stets ein kleines Wunder, dass ich abends kraftlos ins Bett krieche, um dann morgens wieder frisch und fit zu erwachen. Woher kommt diese neue Kraft. Wer tankt mich im Schlaf auf? Naturwissenschaftlich analysiert, ist es meine gesunde Ernährung. Spirituell betrachtet, ist es das Wunderwerk des Körpers, der für mich im Verborgenen arbeitet. Biblisch auf den Punkt gebracht hat es der Vers aus Psalm 127: „Der Herr gibt es den Seinen im Schlaf." Alle Betrachtungsweisen haben Recht und beschreiben das wunderbare Phänomen, dass ich heute morgen mit frischer Energie in den neuen Tag starte. Tölpel wirkt ebenfalls sehr energiegeladen. Sie gehört eben auch zur gut versorgten Herde Gottes. Allein um die MZ muss ich mich kümmern, prüfe kurz die Zschopauer Lokomotive und sehe, auch unser Lastenesel braucht demnächst wieder frische Nahrung. Die nächste Tankstelle ist unsere.

Die grüne Hölle. Wir steuern gnadenlos auf sie zu. Auf der B 268 über Mayen ist der Nürburgring schnell erreicht. Die Eifel ist Vulkanland. Da wundert es nicht, wenn eine Deutsche Vulkanstraße ausgeschildert ist. Die Landschaft ist ein Traum. Wer Zeit und Interesse an dieser einzigartigen Geografie hat, der kann vor Mayen nach Mendig ins Vulkanmuseum abbiegen. So bekommt man ein gutes Verständnis für die Region mit ihrer derben Art. Berühmt-berüchtigt unter Motorradfreunden ist das Eifelwetter. Sehr wechselhaft. Aber wer im Norden wohnt oder auch gerne in den Alpen unterwegs ist, kennt diese Schwankungen und nimmt sie als regional bedingt aus Gottes Hand an. Es gibt ja eigentlich kein schlechtes Wetter, sondern nur schlechte Kleidung.

Am besten macht man einen Bogen um diese Rennstrecke. Prävention. Denn wenn man einmal von diesem Ring infiziert wurde, bleibt es, ähnlich wie bei Ulrich von Hutten, eine lebenslange und manchmal lebensgefährliche Ansteckung. Also gut überlegen, ob die grüne Hölle unbedingt sein muss. Bei mir ist es zu spät. Solo oder Gespann – mich treibt es immer wieder hierher. Sobald ich kann, nehme ich gerne die Angebote eines Trainings für Motorradfahrer an. Da ist man unter sich. Der Nürburgring ist zwar am Wochenende und abends von 17.00 bis 19.00 Uhr für die Öffentlichkeit frei nutzbar. Allerdings treffen sich dann Zwei-, Drei- und Vierräder und man fährt zusammen mit Porsche und Campingbussen die gut 20 Kilometer lange Runde. Da vergeht einem oft die Lust, weil das hohe Startgeld meist nicht gut in freie Fahrt umzumünzen ist. Oft gibt es, wie im realen Verkehrsleben, Stau und die Runde wird im Schritttempo bewältigt. Das kann man überall auf Deutschlands Straßen erleben, ohne extra dafür zahlen zu müssen. Besser ist ein spezielles Training für die Nordschleife und dann gleich mehrere Tage. Ja!

Hier am Nürburgring habe ich Hans Eberspächer kennen gelernt. Er referierte uns Motorradfahrern, die sich gerade zum Training auf der legendären Nordschleife getroffen hatten. Alle Motorradfahrer hören dem Herrn Professor, wie Helmut Dähne ihn nennt, gerne zu, weil Hans, wie alle anderen Motorradfreunde ihn ansprechen, frei und humorvoll erzählt. Da kann ich als Pfarrer noch viel lernen – sowohl das Predigen als auch das Motorradfahren. Deshalb bin ich hellwach, interessiert, und begeistert. Das war ich zugegebenermaßen im Studium nicht immer.

Motorradfahren mental trainieren heißt das spannende Thema. Dahinter verbirgt sich die Erkenntnis der Psychologie, dass für Höchstleistungen nicht nur der Körper, sondern auch das Gehirn intensiv geschult werden muss. Hans Eberspächer, der viele Spitzensportler und Nationalmannschaften psychologisch begleitete, erklärte uns am Nürburgring die Höhen und Tiefen des menschlichen Steuergerätes anschaulich. Er muss es ja wissen, denn immerhin gilt er als der Erfinder des menschlichen ABS. „Gewinnen beginnt im Kopf", sagte er und vergaß nicht lächelnd hinzuzufügen: „Verlieren auch!"

Im Studium der evangelischen Theologie habe ich ausgiebig den Reformator Martin Luther mental trainieren müssen. Zeitweise fand ich das ziemlich hirnlos. Ich habe mich oft gefragt, wie der Mensch Luther damals den ganzen Stress mit der Kirche ausgehalten hat? Jede normale Seele hätte den gewaltigen Druck, der kirchlich und politisch auf ihm lastete, nicht lange ausgehalten. Anfangs sollten ihn Disziplinar- und Gerichtsverfahren mürbe, dann letztendlich die Rechtlosigkeit mundtot machen. Martin Luther hielt aber Stand. Mehr noch: Er war sogar ziemlich gut, wenn's drauf ankam. Genau das ist mentale Stärke. Er ist nicht als Spitzensportler in die Geschichte eingegangen, sondern als ein Spitzentheologe, der seine Seele und sein Gehirn tagtäglich trainierte. Eine lange Liste von Büchern dokumentiert diese Höchstleistung.

Wenn ein Psychologe über einen Theologen vor Motorradfahrern spricht, bleibt das nicht ohne Folgen. Ich war infiziert. In mir entflammte die Lust, eine Luther-Reise zu unternehmen, um den Weg Martin Luthers abzufahren – mental und mit dem Motorrad. Ich hatte Bock auf eine schöne Tour durch Deutschland und Sehnsucht nach den legendären Orten dieser unglaublichen deutschen Geschichte. Das war die Geburtsstunde dieser

Luther-Tour. Ich erstellte im motorradmüden Winter ein Road-
book der Reformation, in den Sommerferien fuhr ich dann
fromm, fröhlich und frei drauf los. Ich war bereit. Körper, Kopf
und Seele wollten trainieren.

Die Quelle der Reformation liegt in Ostdeutschland. Da fiel
mir die Wahl des Fahrzeugs nicht schwer. Eine alte MZ sollte
es sein. Da Tölpel seit Jahren meine fröhliche Begleiterin ist und
stets auch Bock auf frischen Wind hat, kaufte ich ein Gespann.
Mit der MZ schob sich eine weitere Zeitzone in unsere Reise.
Zwischen Gegenwart und Reformationszeit drängte sich die
deutsche Zeit zwischen Mauerbau und Wiedervereinigung. Ein
kalter Krieg, wie er in der Historie genannt wird, der dem ex-
plosiven und zerstörerischen Weltkrieg nach 1945 folgte.

Luther hätte sich wahrscheinlich über unser Dreirad gewun-
dert. Wäre aber bestimmt begeistert gewesen. Allein schon durch
den kultigen Klang dieser motorisierten Reitkutsche: Rängtängtäng! Ich glaube, wenn es in seiner Zeit schon die Erfindung des
motorisierten Kraftrades gegeben hätte, dann wäre er ein rustikaler und cooler Biker geworden – mit sehr viel Hirn.

Wir besuchen den Nürburgring, und die MZ ist froh, sich die
grüne Hölle von außen angucken zu dürfen. Ich schwelge in
Erinnerungen und Tölpel genießt die natürlichen Gerüche aus
dem Nationalpark Eifel. Wir steuern alle traditionellen Punkte
an und schauen uns das historische Fahrerlager und den pom-
pösen Neubau Ringwerk mit dem Eventpark Eifeldorf an. Was
ein Wahnsinn! Wer durfte da wieder ungehindert in die Steuer-
kasse greifen? Aber ich wollte mich ja nicht mehr über Stuttgart
21, Berlin-Schönefeld, Elbphilharmonie und so weiter aufregen,
wo es doch schon damals zu Zeiten Albrechts so war. Das ist
auch unsere deutsche Geschichte.

Wir besuchen lieber die Nürburg und die neue Zufahrt an der

Start- und Zielgerade. Dann rauschen wir nach Adenau, um an dem alten Bikertreffpunkt an der alten Zufahrt einen Kaffee zu trinken und mit ein paar alten Hasen Benzin zu reden. Tolle Atmosphäre. Dann stiefeln wir noch gegenüber auf die erhöhte Aussichtsfläche, um die röhrenden Fahrzeuge in der Kurven-kombination Breidscheid zu beobachten. Die Motoren heulen und die Reifen quietschen. Nicht jedermanns Sache, aber wer's einmal gemacht hat, ist infiziert. Krankheit grüne Hölle.

Die Geschichte des Nürburgrings beginnt, abgesehen von der Planungsphase, mit der Einweihung 1927. Er ist unterteilt in eine Grand-Prix-Strecke mit viereinhalb und der so genannten Nordschleife mit gut 20 Kilometern. Heute finden noch 24-Stunden-Rennen auf der Gesamtstrecke statt. Über die Jahr-zehnte wurden immer wieder die Sicherheitsstandards erhöht. Oft leider erst nach schweren und manchmal tödlichen Unfällen. Das ist die grausame Seite des Motorsports. Da die Region Eifel schon immer als strukturschwach galt, kam es hier zum Bau die-ser einzigartigen Naturstrecke. Vielleicht nicht die längste Renn-strecke der Welt. Bestimmt aber die schönste.

Normalerweise ist die Grand-Prix-Strecke für Trainings- und Versuchsfahrten reserviert, während auf der Nordschleife der Ottonormalfahrer nach Abgabe eines Obolus, der die Schranke öffnet, sich als Rennfahrer versuchen darf. 170 Kurven warten! 11 Prozent Gefälle wollen erforscht und 17 Prozent Steigung erklommen werden. Auf der längsten Gerade von fast drei Ki-lometern erreicht, wenn der Fahrer die Nerven behält, das Fahr-zeug seine Höchstgeschwindigkeit.

Das Krankenhaus vor Ort kann mindestens so viele und so spannende Stories über die Nordschleife erzählen wie die An-wohner im Biker-Treff Breidscheid. Hier in der Eifel sagt man etwas doppeldeutig: „Wer durch die Hölle will, muss verdammt gut fahren". Im Imbiss findet man Gastfreundschaft, Tierliebe, Erholung, Stärkung und neben den spannenden Geschichten jede Menge interessante alte Fotos von der grünen Hölle. Außerhalb des Motorsports erlangte die Strecke Popularität durch die alljährliche Konzertveranstaltung Rock am Ring. Der angebotenen Halbmarathon oder die Radrennen sind nur bei den motorlosen Insidern bekannt. Aber einmal über die Nordschleife zu laufen, schult ungemein das Verständnis mit dem Fahrzeug, weil dann die Steigungen und das Gefälle bewusst werden. Von außen ahnt man nicht, wie schräg der Ring teilweise ist.

Da Tölpel und ich ungern zweimal die gleiche Strecke fahren, zirkeln wir über die Hohe Acht und die B 412 Richtung Osten. Wir schlendern noch einmal über kleine Traumstraßen nordwärts und erreichen über das Dorf Königsfeld die kleine Stadt Sinzig, wo wir mit der Fähre über den Rhein nach Linz setzen. Jetzt heißt es wieder zurück auf die Spuren Luthers. Die steile Auffahrt aus dem Rheingraben bringt die MZ an die Grenze der Belastbarkeit.

Nachdem diese Tortur geschafft ist, führt uns das Navigationsgerät durch den Westerwald, ohne dass wir unter die Räuber fallen. Zu Luthers Zeiten war das anders. Am Nachmittag erholen wir uns bei einem Eisbecher, was Martin Luther und den Seinen damals auch nicht vergönnt war. Am späten Nachmittag erreichen wir mit der Sonne im Rücken über Hachenburg, Herborn und Gladenbach unser Tagesziel. Willkommen in Hessen.

25. MARBURG:

Sein oder Schein, das ist hier die Frage?

Die Universitätsstadt begrüßt uns mit einem schönen Blick auf das Schloss hoch oben auf dem Berg. In der Innenstadt orientieren wir uns an den Doppeltürmen der Elisabethkirche. Hier finden wir schnell ein Hotel, in dem das Gespann sicher im Hof geparkt werden kann. Jetzt nichts wie raus aus den Klamotten und ab auf Wandertour, denn die Stadt liegt am Berg und fordert wie fördert eine gute Kondition. Tölpel freut es. Oben im Schlosspark springt sie ausgelassen in den sprudelnden Brunnen, um bei dieser Affenhitze eine kleine tierische Erfrischung zu bekommen. Mir gefallen die Bäume im Park und die Atmosphäre am Schloss. Liebespaare sitzen auf der Schlossmauer, daneben Studenten, die im Freien lesen, unterhalb im Café schlemmt genüsslich die etablierte Gesellschaft. Ein buntes Treiben. Alles ganz entspannt.

Der Reformator Luther spielt im der Stadtgeschichte nur eine Nebenrolle. Die touristische Hauptrolle ist feminin besetzt und wird von der heiligen Elisabeth gespielt. Im 13. Jahrhundert opferte sich die junge Adlige für die Armen auf und starb im frühen Alter. Beiden gemeinsam ist der Bezug zur Wartburg, wo beide zeitweise wohnten. Allerdings gut 300 Jahre voneinander getrennt. Eine weitere Person der Stadtgeschichte liegt in der Elisabethkirche im Sarkophag: Generalfeldmarschall von Hindenburg. Er trat 1945 seine lange Reise von Ostpreußen hierher als Toter an und liegt nun – sicher vor den Russen – samt seiner Frau in der Elisabethkirche. Wenn Marburg während des Krieges glücklicherweise wenig zerstört wurde, hinterließ die

Kriegsgeschichte Deutschlands in Form dieses Leichnams ihre Spuren.

Luther war 1525 auf Geheiß des hiesigen Landgrafen Philipp in Marburg. Ein junger aufstrebender Fürst mit großem politischem Geschick, der sich von der vereinigten neuen antirömischen Glaubensgemeinschaft den ideologischen Zusammenhalt der neuen politischen Ordnung in Deutschland versprach. Dazu musste aber der evangelische Glaube gemeinsam an einem Strang ziehen, was er nicht tat. Martin Luther war der eine Pol aus Mitteldeutschland und Huldrych Zwingli der andere aus der Nord-Schweiz beziehungsweise aus Südwestdeutschland. Das Religionsgespräch von 1525 mit den Reformatoren Luther und Zwingli in Marburg ging jedenfalls in die Geschichte ein. Auch ohne Einigung. Philipp hat das geärgert, weil theologische Spitzfindigkeiten eine politischen Phalanx verhinderten. Vielleicht wird deshalb in der Kulturgeschichte der Stadt Marburg Martin Luther nicht so sehr touristisch hervorgehoben? Die Reformatoren konnten sich damals in der Abendmahlslehre nicht einigen. Heute hingegen feiern die Lutherische und die Reformierte Kirche versöhnlich zusammen. Mit der katholischen Kirche gelingt das bis heute nicht. Irgendwie scheinen sich die Geister am Abendmahl zu scheiden. Da sitzt nun der gute Jesus mit seinen Jüngern in trauter Runde zusammen und nimmt dieses Miteinander als Vorbild für ein geeintes Christentum, aber die Nachfolger haben nichts anderes zu tun, als mit diesem Gemeinschaftsmahl die Gemeinschaft der Christenheit aufzukündigen. Armer Jesus. Er hätte bessere Jünger verdient.

Martin Luther war auf jeden Fall katholischer als der Schweizer Zwingli. Für ihn war der auferstandene Christus in Brot und Leib anwesend. Zwingli aber klang das alles viel zu katholisch. Für ihn hatte das Abendmahl nur reinen Symbolcharakter. Brot bleibt Brot und Wein blieb Wein. Der kirchliche Ritus erinnerte ihn allein an die historische Gemeinschaft Jesu mit seinen Anhängern. Das war Luther wiederum zu wenig, denn in der Bibel stand das Jesuswort: „Das ist mein Leib." Und für den Schriftgelehrten galt allein die Bibel: sola scriptura. Das Abendmahl war für Martin Luther ein biblischer Seinsakt, für Huldrych Zwingli ein kirchengeschichtlicher Schein der Erinnerung. Sein oder Schein, das ist hier die Frage?

Landgraf Philipp war dieser theologische Diskurs zu viel, und er war enttäuscht, dass die gemeinsame politische Sache nicht mehr zählte als hochtrabende Pfaffengespinste. Jedenfalls trennten sich die Herren Zwingli und Luther in Marburg höflich, aber unversöhnlich voneinander und jeder ging seinen evangelischen Weg. Der eine gen Osten, der andere gen Süden. Spuren haben sie beide in Deutschland hinterlassen, denn es gibt im evangelischen Glauben bis heute reformatorische und lutherische Kirchen. Dort, wo beide Glaubensgemeinschaften regional auf engem Raum zusammentrafen, hat sich noch eine unierte Kirche in Deutschland gebildet.

Der Vielfalt hat es jedenfalls nicht geschadet, auch wenn der gemeinsamen politischen Schlagkraft mit diesen akademischen Streitigkeiten die Kraft genommen wurde. Protestant Philipp von Hessen wurde später vom katholischen Kaiserheer festgenommen und seiner Habe beraubt, weil er ein Anhänger der neuen Lehre und damit ein politischer Gegner war. Nach seiner Vorstellung hätte der Weltenlauf andere politische Bahnen in Deutschland nehmen sollen. Aber diese politische Vision vom gelobten Land wollten die Reformatoren nicht teilen. Als Fürst Philipp weltlich zur Rechenschaft gezogen wurde, waren die beiden evangelischen Streithähne Martin Luther und Huldrych Zwingli schon friedlich entschlafen.

Geblieben ist die älteste protestantische Hochschule der Welt. Die Philipps-Universität in Marburg. Seit 1525 pulsiert hier das studentische Leben, die Alte Universität ist heute evangelische Fakultät. Geblieben ist ein lebendiger Ort an der Lahn, an dem sich gut diskutieren lässt, und der mit Vielfalt an Gedanken für demokratische Toleranz wirbt. Die protestantische Freiheit ist hier sehr lebendig. Nicht immer zum Gefallen der politisch Verantwortlichen oder der konservativen Studentenverbindungen in der Stadt. Da ich hier einige Zeit meines Studiums verbrachte, kann ich freien Herzens behaupten, dass es sich gut mehrere Tage in Marburg aushalten lässt.

26. SCHOTTEN:

Toleranz und Weitsicht

Wir folgen den Spuren Luthers weiter. Der junge Luther benötigte für die Reise von Wittenberg nach Worms vierzehn Tage. Dagegen sind wir mit unserem ostalgischen Flitzer megamäßig flink – und treiben volltrunken im Emmenrausch auf dem Weg nach Osten ein Stück Richtung Süden ab. Der Naturpark Hoher Vogelsberg hat uns irgendwie angezogen und vom Weg abgebracht. Dieser hessische Regionalschmaus tischt uns nicht nur „Handkäs mit Musik" auf, sondern beherbergt eine weitere berühmte deutsche Rennstrecke: den Schottenring. Weder übertriebene Sparsamkeit der Veranstalter noch eine Invasion von angelsächsischen Fahrern führte zur Namensgebung dieser Strecke, sondern die kleine Stadt Schotten, die vergleichbar wie Nürburg der Ort vor Ort ist.

Wer auf der Landstraße 276 von Laubach nach Schotten fährt, kommt am alten Motoradtreff Falltorhaus vorbei und sollte hier unbedingt einkehren. An diesem Bikertreffpunkt lässt sich hervorragend Benzin reden, egal ob exklusives Superplus oder öliges Gemisch, wobei regionale Streckentipps zur fachkundigen Disputation gehören. Im Sommer sitzen die Motorradfahrer draußen, ein Eimer mit frischer Seifenlauge steht parat, um das Visier reinigen zu können. Bei schlechter Witterung hockt man zusammen im gemütlichen Felssteinhaus, wärmt sich und speist. Das Falltorhaus ist eines der ersten ausgewiesenen Bikergasthäuser in Deutschland und kann zu Recht als Institution bezeichnet werden.

Ich erinnere mich an einen völlig verregneten Spätsommer,

wo ich zufällig dort am Nachmittag vorbeitrudelte. Völlig durchnässt betrat ich den Raum der Gaststätte und wurde gleich freundlich im Empfang genommen. Der Ofen war schon an und die tropfenden Klamotten konnten, über den Stuhl gehängt, gleich ein wenig durchtrocknen. Als ich gestärkt war, telefonierte der Wirt auf meinen Wunsch noch herum und besorgte mir eine Bleibe 80 Kilometer weiter südlich. Das war schön, tat gut und gab Kraft, das letzte Tagespensum in klammen, aber vorerst warmen Klamotten abzuspulen.

Tölpel und ich meistern die Applauskurve, eine 180-Grad-Kurve, an der heute Vormittag mitten in der Woche keine Biker unsere Fahrkunst begutachten. In Schotten bewundere ich die Start- und Zielbucht an der Bundesstraße samt Container als Meldebüro. Und das alles gibt es in einem Luftkurort. Klasse! Da können die Vergaser endlich einmal richtig durchatmen. Die meisten Bikerfreunde kurven weiter auf der B 276 nach Geldern. Dieser Abschnitt gilt als Traumstrecke Hessens, wenn nicht sogar Deutschlands. Auf jeden Fall ist sie so schön, dass der motorradfahrende Fremdenverkehr sie gerne zweimal befährt. Also ruhig einmal die Zeit nehmen, um hin- und zurückzufahren. Ist auch eine Form von Luft-Kur.

Wir bleiben auf der klassischen Route des Schottenrings, der 1925 mit einem Motorrennen eröffnet wurde, und schnaufen Richtung Hoherodskopf die Steigungen bis 764 Meter Höhe hinauf. Das deutsche Mittelgebirge zeigt, was es hat, die arme MZ bekommt die Sporen. Heute erinnern nur noch Classic-Veranstaltungen an die gute alte glorreiche Vergangenheit der Grand-Prix-Rennen. Unser Gespann saugt auf jeden Fall diese Atmosphäre über den Luftfilter ein und jagt das Gemisch durch den Vergaser zum Kolben. Das kleine Motorrad läuft wie eine Turbine die Berge hinauf. Oben erwarten uns Urlauber, Gastronomie und Freizeitangebote, denn diese Erhebung im Vogelsberg ist ein Ausflugziel für Jung und Alt. Fantastische Fernsicht. Auch hier oben lässt sich gut pausieren, allerdings sind die Preise wie die Örtlichkeit – ziemlich hoch.

Wir ziehen weiter nach Osten durch gemischte Waldgebiete und sind dankbar, dass uns das Navigationsgerät südlich an der Stadt Fulda vorbeilotst. So bleiben wir nicht nur Martin Luther auf der Spur, sondern auch der Natur treu. Der kommende Zielpunkt heißt Wasserkuppe. Die Rhön begrüßt uns dort ebenfalls mit einer erstaunlichen Fernsicht. Auf 950 Metern Höhe ein echtes Highlight. Allerdings nicht nur für Biker, denn der Berg ist ein Eldorado für Segelflieger, somit tummelt sich allerlei Volk auf der Höhe. Da angeblich über 30 Bäche hier ihren Ursprung erleben, etablierte sich der Name Wasserkuppe.

Weil auch stets viele Winde den Berg umblasen, starteten schon 1910 hessische Studenten erste gewagte Flugversuche. So wurde diese Windkuppe die Wiege des Flugsports, der in den Weltkriegen militärisch genutzt wurde. Durch die Lage nahe der innerdeutschen Grenze war die Wasserkuppe auch Stützpunkt der westlichen Gehirnwäsche, denn mit etlichen Sendern wurde die Botschaft der westlichen Bananenrepublik über den Äther nach Osten geschickt. Deshalb bekamen alle Ossis nach der Wende Bananen aus Westdeutschland, weil sie davon jahrzehntelang gehört und geträumt hatten. Dabei wachsen im Westen gar keine Bananen. Heute wissen die ostdeutschen Genossen die Wahrheit, die Wasserkuppe ist entmilitarisiert und dem örtlichen Tourismus preisgegeben. Die Gebäude bieten mehrere Gastronomie-Angebote und Unterkünfte für mobile Zivilisten, die sich sowohl an der Natur und Fernsicht als auch an Wind und Wahrheit erfreuen.

Tölpel und ich machen uns den Spaß und rollen auch unser

Gespann auf die Startbahn. Da stehen wir nun mit dem alten MZ-Vogel, der trotz des Könnens seiner Konstrukteure nicht fliegen kann, in Reih und Glied mit den modernen Segelfliegern startbereit zum Abflug. Das Gelächter ist groß, wir kommen sofort mit den Urlaubern ins Gespräch. Schnell ist wieder die Zeit der deutschen Trennung ein Thema, denn von der Wasserkuppe aus konnte man früher in die DDR gucken. Die MZ wird sofort als Ostdreirad entlarvt, jedoch mit hohem Respekt gewürdigt, was meiner Meinung nach nicht nur an der Höhe des Berges liegt. Auch Hightech hat seine Zeit. Was früher innovativ und fortschrittlich war, ist heute ein alter Eisenhaufen. Aber er läuft vorzüglich.

Wir behalten Bodenhaftung und rollen vom Flugfeld wieder zurück auf die Straße. Der Ruf zieht uns Richtung Osten, wir wollen nun rübermachen. Manchmal habe ich das Gefühl, die MZ hört ihre alte Heimat rufen. „Abzus", wie die Hessen sagen, fahren wir durch einen Traum von Landschaft den Berg hinunter und stehen bald vor der Entscheidung: rechts oder links? Wir halten uns nordwärts Richtung Tann.

Dieser Ort Tann führte 1530 die Reformation ein, auch wenn Luther nie hier gewesen war. Es reichte, dass Eberhard von Tann in Wittenberg Martin Luther und seine neue Lehre kennen lernte, um sie als Freund von Luther und Herr der Stadt hier einzuführen. Tann war mit seiner exponierten Lange absolutes Zonenrandgebiet in der ehemaligen BRD und geradezu umschlossen vom kommunistischen Feind. So gesehen kann man Tann in der Rhön als das westliche Pendant zum deutschdemokratischen Sonneberg in Thüringen bezeichnen. Halbinselartig waren diese Orte 40 Jahre umschlossen vom politischen Gegner beziehungsweise getrennt durch den eisernen Vorhang. Damit waren sie gefühlt dem Mond näher als den deutschen Verwandten auf der anderen Seite der Demarkationslinie. Eine Mauer hat es hier nie gegeben, dafür einen durchgehenden Zaun mit Niemandsland und Grenzkontrollwegen, von denen noch heute einige Reste zu finden sind.

Als Tölpel und ich Tann verlassen, dauert es nicht lange bis zum Hinweisschild am Straßenrand, das seinerzeit an dieser Stelle die deutsch-deutsche Grenze Europa teilte. Danach finden wir in Form einer Querstraße den alten Grenzweg. Unvorstellbar, dass hier noch vor gut 25 Jahren die Trabanten im Zweitaktmarsch Kontrolle fuhren, um den innerdeutschen Verkehr zu verhindern. Ich halte ein wenig inne und versuche, ein wenig die alte Zeit einzuatmen. Von Kur ist hier nichts zu spüren. Eher ein Aufatmen. Ich rieche nichts mehr vom verstaubten Gedankengut und den blauen Fahnen der Militärtrabanten. Der Ölgeruch stammt von mir Nostalgiker. Kurz hinter der ehemaligen Grenzanlage finde ich einen fast zugewachsenen Gedenkstein, der an die Zeit der deutschen Teilung erinnert. Tölpel interessiert die Geschichte wenig, denn sie tollt lieber im Hier und Jetzt über Feld und Flur. Dafür wäre sie vor ein paar Jahrzehnten erschossen worden.

27. SCHMALKALDEN:

Die moderne Internationale

Durch mir völlig unbekanntes Gefilde führt uns das Navi nach Schmalkalden. Dieser Ort erlangte traurige Bedeutung in der reformatorischen Geschichte durch den Schmalkaldischen Krieg, in dem die reformfreudigen und reformationswilligen Fürsten eine herbe militärische Niederlage gegen den neu erstarkten katholisch orientierten Kaiser einstecken mussten. Überall im Lande hatten zuvor Fürsten und Städte die Reformation eingeführt, die nach geltendem römischem Recht deutscher Nation Ketzerei war. Gegen diese geistige Irrlehre musste der Kaiser als Garant für Ordnung im Lande politisch aktiv werden. Das wussten die Protestanten und schmiedeten 1531 ein Verteidigungsbündnis – den Schmalkaldischen Bund.

Da Kaiser Karl sich gerade außer Landes herumschlagen musste, indem er mit Italienern, Franzosen und Türken Krieg führte, entwickelte sich die reformatorische Idee währenddessen in Deutschland fast ungehindert. Bis 1544. Die außenpolitische Lage war durch internationale Verträge befriedet, Kaiser Karl wollte und konnte endlich die innerpolitischen Querelen in Deutschland beenden. Er führte geschickte politische Verhandlungen und gewann einige Fürsten, die sich nicht an den Schmalkaldischen Bund hielten, sondern neutral blieben. Auch konnte er den albertinischen Sachsenfürsten Moritz dazu überreden, gegen seinen Vetter Johann Friedrich Krieg zu führen. Geld, Ländereien und die Kurwürde wurden ihm versprochen. Moritz wechselte die Fronten, was ihm den Namen Judas von Meißen einbrachte.

Nach taktisch schlau geführten Truppenbewegungen des Kaisers konnte der Präventivschlag des protestantischen Heeres, das in Überzahl agierte, nicht schnell und erfolgreich durchgeführt werden. Mit der folgenden Zeit verstärkte sich das Kaiserheer, doch die Finanzen des Schmalkaldischen Bundes gingen zur Neige. Da treue Ritter nicht mehr gefragt waren, standen überwiegend Söldnertruppen im Aufmarsch. Und die mussten bezahlt werden – der Krieg der Massen war letztendlich ein Krieg des Geldes. Da saß der Kaiser mit seinen guten Beziehungen nach Augsburg eindeutig am längeren Säbel. Am Ende wurden Kurfürst Johann Friedrich von Sachsen, der Schutzherr Martin Luthers, und Landgraf Philipp von Hessen festgenommen und zum Tode verurteilt. Da sie bereit waren, ihr Vermögen abzutreten, wurde das Todesurteil in eine Art Hausarrest umgewandelt. Auf kleinem Besitz durften die beiden ihr Leben fristen ohne weiter in der Politik mitzumischen. Jedenfalls vorerst.

Diese Niederlage zählte neben den Bauernkriegen 1525 zu den schwersten Krisen im wachsenden Reformationsprozess. Der alte Reformator Luther hatte von diesem zweijährigen Krieg, der im Sommer 1546 begann, nichts mehr mitbekommen, weil er im Februar des Jahres verstarb. Diese Auseinandersetzung war der erste deutsche Konfessionskrieg und gilt als Vorläufer des Dreißigjährigen Krieges. So etwas war gewiss nicht im Sinne Martin Luthers, ließ sich aber nicht verhindern. Zu viele Politiker und Kleriker wie Kurfürst Moritz oder Kardinal Albrecht von Brandenburg verfolgten eigene Interessen. Die Leidtragenden waren wieder einmal die armen Menschen, das Volk. Ihre Häuser wurden gebrandschatzt, ihre Felder vernichtet und ihre Familien beraubt. Von beiden Seiten, denn die Bevölkerung wurde sowohl durch katholische als auch durch protestantische Politiker aufgerieben. Der Friede Gottes, den Luther vor Augen hatte und den er predigte, sah anders aus.

Schmalkalden ist heute eine interessante kleine Stadt in Thüringen, die sich international gibt. Der mir vom Tourismusbüro gereichte Stadtführer informiert gut in deutscher, englischer, französischer, russischer, spanischer und norwegischer Sprache. Da kann keiner meckern. Als ehemalige DDR-Stadt singt Schmalkalden heute die moderne Internationale. Das Fachwerkhaus, in dem Martin Luther 1537 drei Wochen lang wohnte, liegt am Lutherplatz, ist schön renoviert und beherbergt nun eine Luther-Buchhandlung. Wanderfreunde können sich gegenüber in einem gemütlichen Cafe stärken, um von hier aus einen historischen Lutherweg zu beschreiten, der sie über Tambach-Dietharz durch den Thüringer Wald weiter Richtung Erfurt führt.

Martin Luther musste seinerzeit diesen Weg Ende Februar unter Lebensgefahr bewältigen, da er seinen Aufenthalt in Schmalkalden mit großen Schmerzen wegen eines Steinleidens abbrechen musste. Im Winter mit äußerst schmerzhaften Koliken durch den bergigen Thüringer Wald zu gehen, war eine große Anfechtung, die der fromme Gottesmann Luther damals überstehen musste. Auch hier blieb er mental stark und seinem Gott treu. Sein Freund und wichtiger Mitstreiter Philipp Melanchthon wohnte 1540 sieben Wochen in Schmalkalden. Seine Herberge ist heute eine weitere Touristenattraktion inmitten der Altstadt. Auch die Kirche St. Georg am Marktplatz ist als Sehenswürdigkeit ausgewiesen, da mehrere Reformatoren hier predigten. Schmalkalden scheint touristisch im Kommen zu sein und nutzt geschickt die Deutschland so prägende Reformationsgeschichte, um international auf sich aufmerksam zu machen. Da es am Rande des Thüringer Waldes liegt, ist es aber auch ein super Ausgangspunkt für Touren zu Fuß oder per Motorrad.

Wer länger in der Region bleibt, sollte die 25 Kilometer südöstlich nach Suhl nicht scheuen, um alter solider Technik auf die
Spur zu kommen. Die Simsonwerke sind weit über die Grenzen
Thüringens bekannt. Dort wurden Waffen, Fahrräder, Mopeds,
Motorräder und Automobile hergestellt. In der DDR war Suhl
neben Zwickau und Zschopau die dritte große Hochburg des
Fahrzeugbaus. Die beliebte AWO stammt aus Suhl genauso wie
die berühmte Vogelserie: Schwalbe, Spatz, Sperber, Star und Ha-
bicht. Leider verlief hier die Geschichte genauso wie in Zschopau,
nach der Treuhand kamen mehrere Käufer, aber keiner schafft
die Wende. Heute ist der Betrieb eingestellt, nur das Fahrzeug-
museum Suhl informiert über die zahlreichen pfiffigen Erfindungen aus dem Thüringer Wald.

28. STEINBACH:

Ein stilles Örtchen inmitten des Waldes

Wir verlassen Schmalkalden mit einem guten Gefühl. Zum Abschied winkt uns die sympathische Kellnerin aus dem Café, wobei ich nicht genau einzuschätzen weiß, ob sie mich oder Tölpel meint. Normalerweise ist Tölpel die Sympathieträgerin in unserem Gespann, ich werde quasi als Begleitung mitbelächelt. Das gehört zum Alltag. Wer es nicht aushält, darf sich nicht solch ein Tier anschaffen. Die Identität definiert sich über die tierische Begleitung. „Sind Sie nicht das Herrchen von Tölpel?" „Ja, und das Gespann ist Tölpels mobile Hundehütte."

Der Wald ruft. Richtung Norden pirschen wir im Zweitakt-Halali Richtung Brotterode. Vor uns braucht allerdings kein Tier Angst zu haben. Die einzige, die knallt, ist die MZ, wenn wir im Gefälle lange vom Gas gehen. Zuerst hört sich das an wie ein Asthmaanfall. Alles wird leise, fast stumm, und ich bekomme Angst, dass der Motor stirbt. Wer die Nerven behält und jetzt nicht ans Gas geht, erlebt ein plötzliches Rängtängtäng und eine Erleichterung am eigenen Leib. Danach ist es aber wieder ganz still und der nächste Anfall nimmt seinen Lauf. Der Zweitaktmotor ist ja bekannt für seine schwache Motorbremse. MZ würzt das Ganze im Gefälle mit einer Symbiose aus Technik und Medizin. Ja, unser Ostbike ist schon etwas ganz Besonderes.

Vor lauter Bäumen kommen wir gar nicht aus dem Staunen heraus. Es ist angenehm kühl, die Sonne verursacht ein unbeschreibliches Lichtspiel und der Motor ist trotz Schnappatmung kerngesund. Irgendwie verschwimmen gerade die Zeiten. Einerseits fühle ich mich wie in der DDR, wenn ich so mit dem VEB-

Dreirad durch den Thüringer Wald düse, andererseits entrückt mich die Fantasie in die Welt Martin Luthers. Ich ignoriere den Verbrennungsmotor und reite durch den Wald. Wie einst Doktor Luther, als er 1521 mit der Kutsche von Worms zurück nach Wittenberg fuhr. Da er nachweislich auf dem Rückweg seine Verwandten in Möhra besuchte, kutschierte er ungefähr hier quer durch den Wald Richtung Waltershausen – und wurde entführt.

Die Entführung des Volkshelden, der gerade in Worms dem verhassten Kaiser und der eitlen Kirche die Stirn geboten hatte, sorgte für Aufruhr. Überall gab es Gerüchte, Flugblätter berichteten von seinem Verschwinden. Da Martin Luther mit der kaiserlichen Ächtung Freiwild für jedermann wurde, wäre sein baldiger Tod ohnehin der normale Lauf der Dinge gewesen. So musste sich die Inquisition nicht selbst die Hände schmutzig machen. Und kleine verdeckte, inoffizielle Gefälligkeiten gab es auch schon zu Luthers Zeiten.

Wie auch immer – Luther war weg. Die Mächtigen waren erfreut, die Armen frustriert, weil wieder einmal ein Hoffnungsträger verstummt war. Es hatte sich also nichts geändert. Das gleiche bittere Ende wie bei Jan Hus, Girolamo Savonarola und anderen jetzt auch bei Luther? Die Reform der Gesellschaft wurde von den Etablierten wieder einmal blutig erstickt. Der gewaltsame Tod war offensichtlich das natürliche Ableben von Andersdenkenden und das Joch der Unterdrückung im Alltag von Mensch und Vieh.

Glücklicherweise steckte hinter der Entführung Kurfürst Johann Friedrich von Sachsen, der wieder einmal bewies, dass er nicht zufällig Friedrich der Weise genannt wurde. Friedrich hatte den Verlauf des Reichstags in Worms miterlebt und sofort erkannt, dass Martin Luther den Mächtigen ein Dorn im Auge und dem Volk ein Held geworden war. Für die politische Erstarkung der deutschen Fürsten war die Reformation im Allgemeinen und die Person Martin Luther im Besonderen (über)lebenswichtig, da er mit seiner Glaubensreform eine neue deutsche Kirche etablieren konnte. Bisher wurden alle katholischen Messen in der Gelehrtensprache Latein gelesen, was beim Volk zauberhaft als Hokuspokus verstanden wurde. Durch Luther konnte das deutsche Volk vereint werden, indem es einen gemeinsamen Glauben erhielt, den es in der eigenen deutschen Sprache sowohl hören und lesen als auch feiern und verstehen konnte.

Also griff Friedrich zu einer List und zog Martin Luther aus dem Verkehr, bevor dieser infolge der kaiserlichen Acht früher oder später umgebracht worden wäre. Luther wurde zum Junker Jörg und heimlich auf die Wartburg in Eisenach gebracht. Nur wenige Personen waren eingeweiht. Junker Jörg alias Martin Luther bekam dort ein Zimmer, einen Stift und viel Papier. Etliche Wörterbücher, die parat lagen, sollten es ihm ermöglichen, die lateinische Bibel in die deutsche Sprache zu übersetzen. Das war nicht Reformation, das war Revolution! Denn bislang galt die Bibel in lateinischer Fassung als heilig und unantastbar. Martin Luther bekam als Junker Jörg graue Haare. Nicht nur um seine Identität zu verbergen, sondern weil er auch unter immensen Zeitdruck und in Isolation – oder sollte man besser sagen: Einzelhaft – diese schwierige Aufgabe zu lösen hatte. Das war keine klassische Klausur eines Mönchs zur kontemplativen Besinnung, sondern ein hardcore Arbeitsauftrag. Jeder, der jemals eine Übersetzungsklausur unter Zeitdruck schreiben musste, weiß, was es heißt, in dieser Situation einen Text aus einer fremden Sprache in die Alltagssprache zu übertragen.

Das Arbeitstier Luther übersetzte in sage und schreibe nur zehn Monaten, das heißt in zirka 300 Tagen, das gesamte Neue

Testament der Bibel ins Deutsche. Er hatte sowohl den lateinischen als auch den griechischen Urtext zu Rate gezogen, um dann anhand der deutschen Amtssprache eine allgemeine deutsche Ausgabe zu redigieren. Diese Luther-Bibel prägte danach das deutsche Volk. Denn viele Menschen lernten damals erst mit dieser deutschen Übersetzung ihre eigene Sprache kennen. Analphabetentum war ja der Normalfall im Mittelalter. Man sprach zwar miteinander, aber meist im regionalen Dialekt. Lesen und schreiben konnten nur wenige. Die deutsche Amtssprache und die lateinische Kirchensprache verstanden bis dato nur die politischen wie frommen Insider.

Die Bibelübersetzung Luthers wurde quasi zum Deutschbuch für jedermann. Und die Rechnung von Johann Friedrich ging voll auf: Ein deutsches Bewusstsein entstand und stärkte die Autarkiebewegung der Fürsten im Lande: Wir sind ein Volk. Ein „teutsches" Volk. Mit dieser Kraft der Vereinigung wurde sowohl die damalige völkische Zerstreuung in einzelne Regionen mit eigenen Dialekten überwunden als auch die zwanghafte Einigung in der Großreichsidee eines heiligen römischen Reiches nach alten Vorbildern, wie es Kaiser und katholische Kirche vertraten.

Wir erreichen Steinbach und suchen den Stein der Geschichte. Hier irgendwo soll er sein? Der Gedenkstein. Wir irren durch das kleinen Dorf, aber nichts. Wir fragen uns durch, aber wieder nichts. Der Ort der Entführung Luthers scheint in der heutigen Bevölkerung verdrängt wie ein traumatisches Erlebnis. Aber wir verfolgen die spärliche Spur weiter, wie ein Detektiv mit Hund. Dann der zugehauchte Hinweis einer alten Frau: Außerhalb! Irgendwo im Wald also. Dort, wo die heimliche Entführung stattgefunden haben soll, steht er. Wir knattern ab in den Wald. Die MZ kann zum Glück auch ein wenig Enduro.

Und tatsächlich werden wir fündig. Ohne große Vorankündigung wird ein kleiner Parkplatz ausgewiesen. So weit ist es schon nach der gemeinsamen Zeit dieser Reise: Ich bin wie Tölpel und rieche die richtige Spur. Ein geteerter Feldweg führt zu einer Wiese mit Parkbänken. Das sieht nach Erholung aus. Aber kein Hinweis auf die historische, politisch so kluge Entführung ist zu finden. Wir scheinen noch nicht am Ziel. Also weiter. Tölpel und ich halten die Nasen in den Wind und nehmen die Fährte wieder auf. Der Feldweg führt tiefer in den Wald. Schotter mit zwei Spurrillen. Interessant.

Dann plötzlich ein geschlossener Schlagbaum. Ein Überbleibsel der früheren Grenzsicherung? Tölpel lasse ich beim Gespann mit laufendem Motor zurück, um die Sperranlage auszuspähen. Hoffentlich liegen da nicht noch Minen herum. Tun sie nicht, und ich kann problemlos die Schranke öffnen. Mit unserem Wald- und Wiesenkrad, das für genau solche Ausflüge in die Natur gebaut wurde, dringen wir über einen zweispurigen Trampelpfad tiefer und tiefer in den Wald ein. Zum Glück brauche ich keine Angst zu haben, denn ich habe ja einen mutigen Hund dabei. Nach einer gefühlten Ewigkeit taucht auf einer Lichtung mit Quelle ein umzäuntes Denkmal auf – der Gedenkstein. Endlich. Es gibt ihn also tatsächlich! Hier an dieser schönen Stelle inmitten des Thüringer Waldes wurde der nichts ahnende Martin Luther in Angst und Schrecken versetzt. Ob er seinen Tod vor Augen hatte? Er hatte ja keine Ahnung von Friedrichs Plan. Einen Schrei hätte man hier jedenfalls nicht gehört. Er wäre in aller Stille von uns gegangen. Was wohl seine Frau Käthe zu der ganzen Affäre sagte?

Diese Lichtung hat auf jeden Fall etwas Spirituelles. Ob ich das nur als endurobegeisterter Lutheraner so empfinde? Könnte ja auch an meiner generellen Freude an der Natur liegen. Tölpel empfindet das ebenso. Sie verlässt diesen Ort nur ungern, da sie völlig frei herumlaufen kann und im Bächlein eine tolle Erfrischung findet. Eine Quelle, frisches Wasser, Wiesen, Bäume und kein Verkehr; besser geht es aus Hundperspektive nicht. Dass ich nun jede Menge Matschklumpen im Beiboot habe, stört sie nicht. Es ist ja schließlich ihr Beiwagen. Ich gebe der MZ einen Tritt, wir pirschen uns offroad zurück. Kein Mensch begegnet uns. Der Wald und die Amtspersonen schlafen. Gut so. Auch die Schranke steht noch offen, so dass wir ungehindert ausreisen können. Wir lassen sie offen. Wie viele DDR-Bürger hätten sich das früher von Herzen gewünscht.

29. MÖHRA:

Die schmerzhafte Geburt des ICHs

Luthers Vater, Hans Luder, kam aus Möhra. Auch seine Groß-
eltern väterlicherseits. Familie Luder. Landbewohner. Der Ort
liegt gleich um die Ecke und so steuern wir wieder etwas gegen
Westen, verlassen den Thüringer Wald und kommen auf das
weite, offene Feld. Traditionelle Landwirtschaft. Die familiären
Wurzeln Martins liegen in der Bauernschaft. Er selbst betonte
immer seine ländliche Herkunft: „Ich bin eines Bauern Sohn,
mein Vater, mein Großvater, mein Urgroßvater sind rechte Bauern gewesen." Wir wissen inzwischen, dass dieses soziale Bekenntnis Luthers zur Landbevölkerung beim Volk nur bis zum
Bauernkrieg 1525 Geltung hatte. Danach hatte er seine Glaub-
haftigkeit in der Bauernschaft verspielt und als Fürstenknecht
seine Wurzeln gekappt. Er war zum Menschen der Obrigkeit geworden. Den heimischen Stall der Familie hatte er verlassen, es
gab kein zurück. Martin Luther war vollständig in die Lebens-
welt der Oberschicht aufgestiegen. Selbst wenn er es nicht so
wahrhaben wollte, war sein Hinweis auf seine bäuerlichen Wurzeln für Außenstehende so etwas wie eine Anbiederung oder
weckte den Verdacht auf politisches Kalkül. So scheint es immer,
wenn hochgestellte Persönlichkeiten sich dem Volke nähern.
Nach 1525 verlor Martin Luther als Stern des einfachen Volkes
seine Leuchtkraft. Als politisches Leuchtfeuer der Fürsten gewann er allerdings zunehmend an Bedeutung.

Möhra ist heute ein kleines deutsches Landdorf in Thüringen. Kein Allerweltsdorf. Es ist der Stammort Luthers. 1483
verließ der Vater dieses Dorf, um im Südharz eine Mine zu

übernehmen. Er wechselte aufgrund der existentiellen Gegebenheiten von der Landwirtschaft zum Bergbau. Nur diese unternehmerische Weitsicht und der damit verbundene finanzielle Aufstieg der Familie, ermöglichte dem jungen klugen Martin die akademische Ausbildung. Die Finanzen aus dem Bergbau konnten erst die Intelligenz des jungen Luthers zu Tage fördern und ermöglichten später den gesellschaftlichen Aufstieg, der vom Vater allerdings etwas anders geplant war. Luther, der schon in der Schule einen intelligenten Eindruck machte, sollte nach dem Wunsch der Eltern Jura studieren, um dann einen gutbürgerlichen Werdegang in der Verwaltung einzuschlagen. Vom Bauern zum Beamten hieß die Traumkarriere des Sohnes für die Eltern. Aber der Mensch denkt, Gott lenkt. Wie oft hat das wohl Luthers Vater Hans gedacht?

Das Dorf Möhra hat allerhand Details zu Martin Luther zu bieten, obwohl es touristisch gesehen offiziell keine ausgewiesene Lutherstätte ist. Wir finden im Ort ein Lutherdenkmal, Luthers Stammhaus, einen Lutherplatz und eine Lutherkirche. Letztere wurde als Kapelle 1521 für den Besucherandrang zu klein, so dass der berühmte Enkel des Dorfes open air predigen musste, damit alle anwesenden Gehör fanden. Zum Glück war es im Wonnemonat Mai und das Volk stand nicht im Regen. Noch nicht. 1521 waren alle Bauern noch vom dynamischen jungen Luther begeistert, der den unsozialen Pfaffen und Adligen endlich einmal die Leviten las. Ich möchte nicht wissen, was nach 1525 die Bauern in Möhra über ihren Hoffnungsträger dachten: Fürstenknecht? Hofnarr? Oder vielleicht sogar Judas von Möhra?

Es war eine Zeit, in der keiner wusste, was kommen würde. Selbst Luther nicht. Die Entwicklungen und politischen Gegebenheiten konnten von keiner Einzelperson mehr gesteuert werden. Weder Kaiser noch Papst oder irgendein Fürst können für den Verlauf der Geschichte verantwortlich gemacht werden. Alles floss und jeder versuchte mit seinen Interessen und Mitteln, die Dinge nach seinem Ermessen zu steuern. Eine sichere Ordnung gab es jedenfalls in dieser Zeit nicht mehr. Altes war nicht mehr gültig, Neues noch nicht stabil und tragfähig. In der Luft lag Reformation, Revolution und die schmerzhafte Geburt einer deutschen Identität. Die Reformation erscheint mir in dieser Zeit wie eine Phase der Pubertät innerhalb der langen Entwicklungsgeschichte zur selbstbewussten Menschheit und zu einem freien deutschen Volk.

Hans Eberspächer spricht von der Weltmacht mit drei Buchstaben und meint damit psychologisch das ICH. Ein Bewusstsein, das damals in Zeiten des Mittelalters im Verborgenen reifte und von Martin Luther exemplarisch in aller Öffentlichkeit unter Schmerzen und Wirren geboren werden musste. Heute scheint es so normal, ICH sein zu dürfen, aber es war bis zu unserem Verständnis ein langer Weg der Generationen im „rauen Wind der vollzogenen Tat", wie Eberspächer diesen persönlichen Ich-Prozess beschreibt.

Im geistesgeschichtlichen Prozess der Reformationszeit ging es für das Individuum um die Sicherung des Überlebens mit dem Anspruch auf Freiheit und Bildung. Für beides engagierten sich Martin Luther als Person und der evangelische Glaube als Religion. Was die institutionellen Kirchen später daraus machten, steht auf einem anderen Blatt der Geschichtsschreibung, aber für das Bodenpersonal trägt weder Gott noch der Reformator Martin Luther die Verantwortung. Das ist auch eine Erkenntnis dieser ICH-Entwicklung.

Heute ließe sich kritisch protestantisch anmerken, dass aus der Sicherung des Überlebens im Mittelalter heute ein Tanz ums Goldene Kalb wurde. Aus Lebenssinn wurde Lebensstandard, und der gipfelt oft im großen deutschen Jammer auf hohem Niveau, wie Eberspächer diese neuzeitliche Charaktereigenschaft treffend analysiert. Theologisch gesprochen scheint die Heilszusage Gottes an den Menschen heutzutage als billige Gnade verramscht zu werden, als Restposten des christlichen Glaubens.

30. EISENACH:

Die Wartburg

Ist Wittenberg die historische Hochburg für internationale Lutherfans, so wird Eisenach der emotionale Höhepunkt einer Luthertour, denn die Wartburg ist einzigartig, wurde UNESCO-Weltkulturerbe und lässt das Mittelalter lebendig werden. Die einstündige Führung ist daher ein Muss, die Touristinformation vor Ort bietet alle halbe Stunde eine an. So gelangt man in das Innere der Burg und wird durch das heutige Museum geführt, das Johann Wolfgang von Goethe seinerzeit initiierte.

Nicht nur Martin Luther wird zum Thema, sondern wir treffen auch die heilige Elisabeth aus Marburg wieder, die von Eisenach im 13. Jahrhundert nach Hessen geflohen war. Die adlige Ungarin Elisabeth wurde nach Standes Sitte schon als Kind mit Ludwig von Thüringen verheiratet. Die beiden waren glücklich und hatten drei Kinder. Leider verstarb der Ehemann auf einem Kreuzzug an einer Infektion, so dass ein Verwandtschaftsstreit um die Erbnachfolge entbrannte. Dieser Familienzwist nahm der frommen Witwe die Lust, noch länger auf der Wartburg zu bleiben. Sie nahm ihre Kinder und floh in das ihr bekannte Marburg an der Lahn, um dort fromm, frei und arm zu leben. Auch sie starb früh. Bei der Burgführung darf man in die Elisabethkemenate, einen total faszinierenden Raum ganz und gar mit Tausenden von Mosaiksteinen verkleidet. Wie ein Traum aus Tausendundeine Nacht. Gut anzusehen, aber wohnen wollte ich dort nicht.

Über die Jahrhunderte spielte sich auf der Wartburg einiges ab. So zog Walther von der Vogelweide dort um 1200 in den berühmten Sängerwettkampf, im beeindruckenden Burgsaal diskutierten Studentenschaften 1817 über die Zukunft von Demokratie in einer geeinten deutschen Nation. Spannend. Nur Tölpel findet es unzeitgemäß, dass Hunde – mal wieder – weder in die Burg noch ins Burgcafé dürfen. Aber bei fast 400.000 Besuchern durchschnittlich im Jahr auf der Wartburg muss man wohl aufpassen, nicht auf den Hund zu kommen. Verstehen wir!

Die weltberühmte Lutherstube ist bei einer Burgführung im Seitenflügel zu bewundern. Die kleine rustikale Kammer ist eng und sehr spartanisch eingerichtet. Als Fußschemel liegt ein gewaltiger Walfischknochen auf dem Dielenboden. Das wäre für Tölpel ein verführerisches Teufelsangebot geworden. Ob sie dieser tierischen Anfechtung widerstanden hätte und trotzdem bei Fuß geblieben wäre? Angeblich erlebte der gestresste Luther hier den Teufel persönlich – und hielt ihm Stand. Früher gab es noch den Tintenklecks an der Wand, der entstand, als Luther sein Tintenfass nach dem Teufel warf. Unzählige Besucher haben diesen jedoch langsam Stück für Stück abgetragen und als Souvenir mitgenommen. Nicht nur die Mauer der DDR ist weg, sondern auch der Putz an der Wand in der Lutherstube – samt Tintenklecks. Noch heute ist der Tintenfleck ein immer wiederkehrendes Souvenirobjekt, das in vielfältigen Varianten in den Touristikbüros an Lutherfans verkauft wird.

Wer auf die Wartburg will, muss gut zu Fuß sein, denn der Parkplatz liegt weit unterhalb der Burg. Ganz gestählte Zeitgenossen gehen gleich zu Fuß durch den Wald vom Zentrum der Stadt aus. Ein sehr schöner Spaziergang, der ungefähr 45 Minuten dauert. Kurz vor dem Parkplatz gibt es auch eine Eselstation, so dass man wie Jesus nach Jerusalem als Lutherfreund auf die Wartburg einziehen kann. Im Mittelalter war das der übliche Transportweg und das gemeine Volk nicht mehr wert als das Vieh. Die Armen bilden seit jeher eine ausgebeutete Schicksalsgemeinschaft von Mensch und Tier.

Dass Motorradfahrer normalerweise schwere Stiefel und dicke Jacken tragen, hat sich noch nicht bei den für den Tourismus Verantwortlichen herumgesprochen, denn es gibt keine gesonderten Parkplätze für Zweiräder. Auf diese Weise werden sich die motorradfahrenden Tagesbesucher in Grenzen halten. Nur Biker mit einer Übernachtung in Eisenach können ihr Rüstzeug abstreifen, um mit leichter Garderobe die Wartburg zu erklimmen. Eine Zufahrt wäre allerdings leicht möglich, da unterhalb der Burg noch ein weiterer Parkplatz vorhanden ist. Hier stünden Motorräder perfekt, ohne zu stören. Aber was nicht ist, kann ja noch werden.

Auch Tourismuskonzepte können sich mit und für den Menschen – mit Motorrad – verändern.

Was allerdings war und nicht mehr kommen wird, ist der Wartburg auf vier Rädern. Eine lange Tradition des Tüftelns im Automobilwerk Eisenach (AWE), gipfelte im Modell Wartburg, das nach der Wende sogar kurz mit einem viertaktenden VW-Motor angeboten wurde. Aber das Image des DDR-Vehikels war nicht über die Wende zu bekommen, so dass die Produktion eingestellt wurde. Gleich nach dem Krieg wurden im Eisenacher Motorenwerke (EMW) sogar Motorräder gebaut. Auf einigen Treffen findet man immer wieder eine schön restaurierte EMW, die ihre Anleihen sichtlich bei BMW holte. Der Grund: BMW hatte vor dem Krieg in Eisenach Motoren und Fahrzeuge bauen lassen.

Diese ganze Geschichte des Eisenacher Automobilbaus wird im neuen Museum Automobile Welt Eisenach (awe) auf dem alten Firmengelände inmitten der Stadt anschaulich dargestellt. Das Museum ist im Aufbau, die Zahl der Exponate wächst stetig.

Auch wenn es hier bis jetzt wenig Zweiräder zu bewundern gibt, kann ich den Besuch nur empfehlen, um einen interessanten Einblick in die Entwicklungsgeschichte des deutschen Automobilbaus und vor allem in die deutsch-deutsche Zeit des 20. Jahrhunderts zu bekommen. Für BMW-Fans eine Pflicht. Das Museum wird mit Leidenschaft und viel Liebe zum Detail betrieben. Selbst Tölpel durfte die Ausstellung erschnuppern und bekam sogar frisches Wasser im Foyer. So geht es also auch. Heute produziert im Industriegebiet etwas außerhalb der Stadt immerhin Opel wieder Autos. Ganz ist diese industrielle Tradition aus Thüringen also nicht verschwunden.

Als ich nach dem Museumsbesuch vom kleinen Bummel mit Tölpel zurück zum Motorrad komme, steht ein Motorradfahrer vor unserem Gespann. Es entwickelt sich ein höchst interessantes Benzingespräch, das weit über die technischen Fragen des sozialistischen VEB-Krades hinausgeht. Der ehemalige DDR-Biker würdigt unsere MZ und erzählt, „dass sie langsam wieder vermehrt im Lande zu sehen ist, nachdem sie nach der Wende völlig aus dem Verkehrsbild des Ostens verschwunden war." Na so was. Das ehemalige Alltagskrad aus Zschopau ist offensichtlich ein Spaßfahrzeug geworden. Heute kann man sich dieser rustikalen Technik wieder mit Vergnügen hingeben, da man nicht mehr auf sie angewiesen ist.

Wie ich höre, nervte die DDR-Biker damals enorm, dass sämtliche Individualität unterdrückt wurde. Dabei hatten sie viele gute Ideen. Sie wollten ihre MZ veredeln, wurden aber immer wieder von Behörden blockiert. Die Genossen der SED verschliefen ja gerne die Zeit und reagierten, wenn sie sich überhaupt bewegten, viel zu spät. So gab es zwar Lederkombis nach westlichem Vorbild, aber nur in den Größen 46, 50 und 56. Da die Dinger dadurch nicht in den gewünschten Mengen verkauft wurden, stellte man dieses Angebot für 1.200 Deutsche Mark wieder ein. Rennfahrer mussten sich bei internationalen Rennen Helme leihen, weil der vorgeschriebene internationale Standard in der DDR nicht zu haben war. Dass MZ bei Enduro-Wettbewerben in den 1980er-Jahren so stark auftreten konnte, war der Leidenschaft der Fahrer geschuldet, die mit schlechtem Material sehr gute Ergebnisse einfuhren. Da es im Enduro-Sport hauptsächlich auf das Können des Fahrers ankommt, war dieser ostdeutsche Marketingerfolg, der auf jedem Tankdeckel der ETZ eingraviert wurde, der letzte im Motorsport der DDR. So vermittelte mir mein Gegenüber im menschlich ehrlichen Originalton noch einmal ein reales Lebensgefühl zum Dargestellten im Museum „awe". Danke!

In Eisenach kann man sehr viel deutsch-deutsche Geschichte erkunden und entdecken. Das Lutherhaus in der Stadt wartet ebenfalls auf einen Besuch der Lutherfans. Da Johann Sebastian Bach in Eisenach geboren wurde, steht auch das Bachhaus für Besucher offen, die auf den Spuren der klassischen Musik unterwegs sind. Das angeblich kleinste Haus Deutschlands wirft die Frage auf, wie man dort wohnen kann? Das Haus am Johannisplatz ist nicht breiter als unser MZ-Gespann. Alte Stadtmauerreste, diverse Kirchen und ein Dominikanerkloster sind allesamt zu Fuß zu erbummeln. Es gibt eine einladende Fußgängerzone und einen großen gemütlichen Marktplatz mit Bio-Restaurant.

Der Rhythmus der Stadt Eisenach pulsiert ab 10.00 Uhr morgens, der Autokorso zur Wartburg fließt ab 11.00 Uhr bergauf und kommt am Nachmittag erst wieder zur Ruhe. In dieser Zeit strömen die Touristen aus allen Himmelsrichtungen und aus aller Welt heran. Wer abseits der Massen durch Eisenach bummeln möchte, sollte in der Stadt übernachten und in der Frühe

oder am späten Nachmittag seine touristischen Rundgänge planen. Die Zeit rinnt schnell dahin. Die Abende sind angenehm
ruhig und lassen ein wenig das normale Leben der Menschen
vor Ort erahnen. Eisenach ist vielfältig und interessant. Wer gut
zu Fuß ist, findet hier viele schöne Wege zum Wandeln zwischen
den Zeiten – oder im Wald, was Tölpel eindeutig bevorzugt. Da
gibt es mehr Stöckchen.

31. GOTHA:

Die mit dem Amtsschimmel

Da alles seine Zeit hat, enden auch schöne Zeiten. Wir satteln wieder auf und verlassen Eisenach. Uns treibt es – auf den Spuren Luthers – nach Osten. Freie Fahrt auf der B 7 durch hügeliges Gelände. Tölpels Ohren flattern im Fahrtwind, meine sind unter dem Helm eng angelegt. Ich summe mein kleines Sommerlied, Tölpel putzt sich die Zähne im Windkanal der Schöpfung. Im Süden blicken wir auf den Thüringer Wald, im Norden wird es merklich flacher. Da wir heute unsere Tour zu Ende bringen, überfällt mich leichte Wehmut. Es ist schwer, schöne Dinge zu beenden.

„70, 80, 90". Irgendwie begleitet mich dieser Ohrwurm auf dieser Reise wie die strahlende Sonne und die MZ. Der Song erinnert mich an meine wilde Jugend und an die Anfänge meiner Leidenschaft für das Zweirad. Auch wenn ich ein Wessi bin und mir nicht das Leben in der ehemaligen DDR vorstellen kann, gefällt mir das östliche Gefilde Deutschlands vor meinen Augen, die VEB-Maschine unter meinen von der Tour gut massierten Hintern und der Sound des Liedes in meiner aufgetankten Seele.

Um das nahe Ende der schönen Reise ein wenig zu verzögern, beschließe ich spontan, ein Päuschen in der Stadt Gotha einzulegen, obwohl wir gerade einmal eine knappe Stunde unterwegs sind. Ich bremse Mensch und Maschine, entschleunige die Reise, obwohl diese Tour durch die MZ schon angenehm entspannt verläuft. Wir halten uns gefühlt Richtung Innenstadt und biegen in die Lutherstraße ein, die direkt zum großen Marktplatz führt. Wenn das mal kein Zufall ist. So bleiben wir auch hier auf Luthers Spuren.

Es ist morgens inmitten der Woche kurz nach 11.00 Uhr. Die Stadt begrüßt uns mit gähnender Leere. Ein Seitenstreifen mit fünf Parkbuchten ist komplett frei und ermöglicht das Pausieren mit Parkscheibe vor der Fußgängerzone. Ein einzelner Parkplatz ist für Behinderte ausgewiesen. Auch wenn Motorradfahrer oft genug als unnormal, verrückt oder behindert beschrieben werden, benutze ich diesen speziellen Parkplatz mal lieber nicht. An separate Parkmöglichkeiten für Motorräder haben die Verantwortlichen der Stadt leider nicht gedacht, obwohl alles ganz neu renoviert aussieht. So stelle ich mich wie zu Hause in Hamburg auf das verwahrloste Dreieck des Gehweges zwischen Parkbucht und Zonenschild, das die Innenstadt nur für Fußgänger ausweist. Vielleicht beginnt in Gotha ähnlich wie in Eisenach gleich der Verkehrsansturm, dann blockiert mein kleines Motorrad keine Autostandfläche. So sind halt nette Biker. Außerdem lässt sich die geforderte Parkscheibe schwer am Motorrad befestigen. Ein leidiges Thema. Ich habe zwar an meinem Oldtimer ein Navigationsgerät, aber eine Parkscheibe liegt diesem Fahrzeug nicht bei.

Die Innenstadt von Gotha macht einen netten, gediegenen Eindruck. Tölpel und ich pilgern über den weiten Marktplatz und einmal um die stattliche Kirche. Um in Ruhe das spärliche Treiben auf mich wirken zu lassen, nutze ich die Sitzgarnitur unter einem riesigen Sonnenschirm und vertilge einen letzten kühlen Erdbeerbecher mit Stracciatellaeis und Schoko-Sauce samt eines frischen Kaffees. Herrlich. Die aufgeschlossene junge Servicekraft wirkt wie ein Gegenmodell zu den schleichenden Senioren auf dem Marktplatz. Allerdings hat sie auch den großen Vorteil, bei dieser Hitze im Schatten arbeiten zu dürfen.

Nach dieser süßen Stärkung marschiere ich gestiefelt und in

Motorradmontur zur Touristinformation, die sinniger Weise direkt in der vom Verkehr hermetisch abgeriegelten Zone liegt. Auf dem Weg dorthin bei 30 Grad im Schatten drängen sich protestantische Gedanken auf, die fragen, wer für die Planung in dieser Stadt zuständig war? Ein zurückgebliebener Ossi oder schon ein emigrierter Wessi, der zwar keine Ahnung von moderner Stadtverwaltung hat, aber dafür einen Sinn für die eigene Karriere? Die Arbeit wäre von beiden schlecht gemacht – unprofessionell.

An einem Geschäft stehen zwei reizende Damen in der Sonne und sprechen Tölpel an. Wen sonst? Als sie reagiert, werde auch ich angesprochen und gefragt, ob denn ein Leckerli erlaubt sei? Natürlich für Tölpel. Als ich diese Sympathiebekundung bejahe, eilt die eine Frau schnell in den Laden und kommt mit einer Hand voll Trockenfutter für den Hund wieder ans Tageslicht. Tölpel ist begeistert. Freundlichkeit ist doch ganz einfach und erfreut das Herz von Mensch und Tier. Als ausgerechnet in diesem Moment ein Kunde kommt, muss dieser die sonnige Fütterung abwarten, bis dann beide zusammen in das Geschäft ziehen. Zurück bleiben die zweite Damen, die sich meiner Person gewidmet hat, und Tölpel, die sichtlich zufrieden noch einmal einen Blick in das Geschäft wirft.

Nach dieser angenehmen Zwischenmenschlichkeit kommt mir der Gedanke, nach einem Plattengeschäft zu fragen. Freundlich wird mir der Weg in einen Großmarkt am Rande des Stadtzentrums beschrieben, der in gut fünf Minuten zu erreichen sei. Also los.

Nach kurzer Wanderung betrete ich verschwitzt den Mediamarkt und gehe mit Tölpel an der Leine in die Musikabteilung. Zum Glück gibt es eine Klimaanlage im Haus, und mein Kopf kühlt ab wie ein heißer Zylinder durch Gebläsekühlung. Eine

Verkäuferin fragt mich höflich, ob sie mir helfen könne. Ich bejahe und stimme mitten im Laden meinen Refrain an: „70, 80, 90". Da stehe ich nun im Konsumtempel der Neuzeit und kann nicht anders: ich singe. Die Verkäuferin ist sichtlich gerührt ob meiner singenden Gestalt. Wann hat ihr zuletzt ein Mann ein Lied vorgesungen? Verschwitzt, mit Motorradstiefeln besohlt und einem Hund an der Leine? Tölpel bleibt mir treu und beschwert sich nicht, dass das jetzt gerade total peinlich ist.

Die Verkäuferin bleibt auch cool und fragt mich nach der Band. Ich bin mir nicht sicher, aber nenne ihr die alte DDR-Band CITY. Die junge Dame, die vermutlich zur Zeit der Wende das Licht der Welt erblickte, antwortete kurz: „Ich bin mir nicht sicher, ob wir die noch haben." Sie geht zu den Regalen und fischt ganz erfreut eine CD hervor – The Best of CITY. Dummerweise ohne „70, 80, 90". Wir stehen uns ratlos gegenüber. Was nun? Ich löse die Spannung mit der Frage, ob Reinhören möglich sei? Sie entfernt sofort die Plaste, schiebt mir einen Kopfhörer rüber und die CD in den Player. Dazu gibt es den kurzen Hinweis, wie ich auf der Fernbedienung die Titel vorspulen kann. Super. Hier steh ich nun immer noch und kann nicht anders als hören in der Hoffnung, dass irgendwann bei irgendeinem Lied mein Refrain „70, 80, 90" kommt. Tölpel schaut mich neugierig an, denn Herrchen mit Kopfhörer hat sie noch nie gesehen.

Bein dritten Lied die Erlösung: Der Song trägt den Titel „Meister aller Klassen". Daran konnte ich mich wahrlich nicht mehr erinnern. Ist ja auch schon 30 Jahre her. Mehr als eine ganze Generation. Der Liedtext beschreibt die Freundschaft zweier Jungen und ihre Leidenschaft zum Motorrad. Es geht um Jugendträume. Natürlich alles aus dem Blick der Erlebniswelt in der ehemaligen DDR und im Erfahrungshorizont von Zweirädern Marke Simson und MZ. Der Refrain mit der von mir so

geliebten Sequenz „70, 80, 90" beschreibt den Geschwindigkeitsrausch auf diesen Zweiradraketen aus der Sicht eines jungen
Mannes, der schon seit seiner Kindheit von einem schnellen Motorrad träumt. Interessanterweise hat dieser Song auch eine ver-
kehrspädagogische Komponente, denn der eine Freund kommt
durch einem Unfall ums Leben und der Refrain besingt am Ende
die Unfallursache: 80, 90, 100. Das war des Guten zu viel. Mit
100 km/h durchbrach der Kradler nicht nur die Erfahrungen des
pflastersteinstraßenerprobten Alltagsfahrers der DDR, sondern
auch im dreistelligen Bereich die Mauer der ostdeutschen Möglichkeiten. „Tod oder Leben?" war auch für den Motorradenthu-
siasten in der DDR eine Frage der eigenen Abwägung zwischen
der Geschwindigkeit, des Straßenbaus und der aktuellen Technik des Krads – wie bei uns im Westen. Ein Thema, das ständig
mitfährt.

Ich bin überglücklich. Jetzt habe ich endlich meine Urlaubsmelodie zum Nachhören. Voller Stolz verabschiede ich mich von
der professionellen Verkäuferin, zahle, ziehe dankbar aus dem
Laden und marschiere mit Tölpel den langen Weg zurück zur
Lutherstrasse. Ihr gefällt dieser Gang sehr, da die Grünflächen
in Gotha mächtig interessant sind. Sie bleibt ständig stehen, um
zu schnüffeln. Ich kann derweilen ein wenig die Häuser der Fußgängerzone von hinten sehen und merken, dass es noch viel zu
tun gibt in der Stadt. Der Renovierungsstau ist an der Rückseite
gut ersichtlich. Aber ein Anfang ist gemacht. Vor der Lutherstrasse wechsle ich die Straßenseite, da ein kleiner Zweiradladen
im Schaufenster schöne Simsons ausgestellt hatte. Zwei Schwal-
ben sind schön restauriert und zum Verkauf angeboten. Aber ich
bin trotz bester Urlaubsstimmung nicht in Shoppinglaune. Die
Ausnahme bleibt meine Urlaubsdisk. Außerdem habe ich ja um
die Ecke noch Honeckers letzte Rache auf drei Rädern stehen.

Hoffentlich noch mit dem ganzen Gepäck, denn den Tankrucksack und die Gepäckrolle hatte ich unverschlossen nur mit Gepäckbändern aufgeschnallt.

Das Gespann steht noch am rechten Fleck und das Gepäck ist noch vollständig vorhanden. Ich atme durch. In Gotha wohnen ehrliche Leute. Ich schmeiße mich in die schwere Motorradjacke, Tölpel hüpft in freudiger Erwartung von neuen Gerüchen in ihre rollende Hundehütte. Ein beherzter Tritt und das Zschopauer Motörchen tönt aus seiner Tüte unsere zweite Urlaubsmelodie: Rängtängtäng. Die Welt kann so einfach und so schön sein. Beim Griff zur Kupplung bemerke ich einen kleinen Zettel, der im Kupplungsgriff klemmt. Ich halte inne, fummle ihn hervor und entrolle den kassenbongroßen Hinweis mit dem Gedanken, warum dieser wohl nicht in den Tankrucksack gesteckt wurde? In Hamburg werden so bei älteren Fahrzeugen Kaufangebote hinterlegt. In Gotha ist alles anders, der Wisch entpuppt sich als schnöder Strafzettel. Zu dumm, um Parkplätze für Biker in die Stadtplanung zu integrieren und dann auch noch so dreist, diese abzuzocken. Das ist nicht die feine Art. Der moderne Ablass lässt grüßen. Irgendwie ändern sich zwar die Zeiten, aber anscheinend nicht der zeitlos bürokratische Ritt auf dem Amtsschimmel.

So wie es aussieht, ist schon zwei Jahrzehnte nach der Wende die Marke MZ aus dem Bewusstsein und dem Alltag der ostdeutschen Verwaltung verschwunden. Auf meinem kleinen Ablasszettel steht nämlich unter Fabrikat: Mercedes. Nichts von wegen MZ is back. Immerhin war die Knöllchenschreiberin Frau Sauerbier – so steht es tatsächlich geschrieben – so gewissenhaft, dass sie den vom Handcomputer vorgeschlagenen Mercedes durchgestrichen und „MZ/ETZ 250" nachträglich handschriftlich eintragen hat. Ist das nicht traurig? Der ehemals größte

Motorradhersteller der Welt im eigenen Lande vergessen. MZ wird nicht mehr in der amtlichen Datei geführt, sondern nur noch handschriftlich nachgetragen. Ich bin zutiefst erschüttert über soviel Respektlosigkeit gegenüber (ost)deutschem Kulturgut. Vielleicht sollte der MZ-Club Deutschland ein Bundestreffen in Gotha ausloben, um dann, weil keine motorradgerechten Parkflächen ausgewiesen sind, auf dem Bürgersteig zu parken. Dann wäre Frau Sauerbier bestimmt sauer, weil sie soviel nachzuschreiben hätte. Ihr zugute halte ich allerdings, dass sie noch Marke und Typ des Motorrades wusste.

Ach, da war ja noch Luther. Der Reformator besuchte öfter die Stadt Gotha, blieb aber stets nur kurz. Meist war er auf Durchreise. 1515 als Distriktvikar, 1526 visitierte er das Augustinerkloster, 1521 auf dem Weg nach Worms, 1529 auf seiner Reise nach Marburg, 1537 wurde Luther auf der Rückreise von Schmalkalden hier krankt, schrieb sein Testament und überlebte. 1540 besucht er einen politischen Freund in der inzwischen protestantischen Stadt.

32. ERFURT:

Alte Uni-Stadt mit jungen Leuten

Go east! Wir nehmen Kurs auf Erfurt. Das ist nicht mehr weit. Mit 70 km/h geht es entspannt über den Highway Number 7, obwohl die MZ locker schneller könnte. Trotzdem sind wir schnell vor Ort. Zu schnell, nach meinem Empfinden. So rollen wir am frühen Nachmittag in die heutige Landeshauptstadt des Freistaates Thüringen ein, in der Martin Luther damals studierte. Von 1501 bis 1507 lebte er hier und durchlitt die Höhen und Tiefen des jungen Lebens. Er absolvierte in Erfurt sein Jura-Grundstudium und trat 1505 nach seinem Bekehrungserlebnis in Stotternheim ins Kloster der Augustiner-Eremiten ein. 1507 wurde er zum Priester geweiht und begann sein Theologiestudium. Wir wissen, wohin das führte.

Erfurt hat eine schöne Altstadt. Es gibt spezielle Parkplätze für Motorräder, so dass die Besichtigung der Stadt auch ohne modernen Ablass möglich ist. „An den Früchten sollt ihr sie erkennen", sagte schon Jesus weit vor Luther. Diese Stadt wirkt professionell, innovativ und bürgernah. Am Benediktsplatz finden wir die Touristeninformation, die uns einen kleinen Stadtplan in die Hand drückt, der ebenfalls gut gemacht ist. Wir kreuzen damit die berühmte Erfurter Krämerbrücke und pilgern nordwärts zum Augustiner-Kloster. Hier hat also der junge Student Luther in seiner Lebenskrise an die Türe geklopft und ihm wurde aufgetan. Wir schlendern durch die quirlige Stadt und auch uns führt Gott perfekt: Plötzlich stehen wir vor dem Eiscafé Rimini, dass schon zu DDR-Zeiten bekannt für seine kühlen Gaumenfreuden war. Wir pausieren im Hof, ich bekomme Eis mit einem Kaffee und Tölpel frisches Wasser. Eine Oase. Danach haben wir wieder neue Kraft und drehen eine große Runde in der Sommerhitze. Wir erblicken die Weiten des Domplatzes und durchkreuzen die vielen Gassen.

Plötzlich landen wir auf dem Anger. Hier steht das Lutherdenkmal. Auf dem Sockel lese ich einen Vers des Psalm 118: „Ich werde nicht sterben, sondern leben und des Herrn Werke verkündigen." Wahrscheinlich ist das der Schlüssel zum Verständnis Luthers. Ohne seinen Glauben kann man seinen Werdegang nicht verständlich deuten. Seine Biografie geht nicht schlüssig auf. Fragen bleiben. Aber welches Leben bleibt schon ohne einen unerklärbaren Rest? Luthers Frömmigkeit scheint der Rahmen, die die ganzen Puzzlestücke seines Lebens zu einem großen Bild werden lassen. Das macht seine Person nicht unwidersprüchlich oder aalglatt, da Brüche und Ungereimtheiten bleiben. Aber Martin Luther bekommt ein Profil und hinterlässt eine nachvollziehbare Spur. Der Biker weiß, wovon ich rede.

Martin Luther war ein mutiger Heißsporn und glatt wie ein Slick-Reifen für das große Rennen. Man denke an seinen Auftritt in Worms. Dann war er wieder grob und ursprünglich, vergleichbar eines Stollen-Reifens. Die Bauern und wahrscheinlich auch seine Frau Katharina mit den Kindern könnten das bestätigen. Im Normalbetrieb lief er im Alltagsbereich, war für Wind und Wetter gut wie ein Allweather-Reifen, um in allen Lebenslagen den richtigen Grip zu bieten. Seine vielseitigen Veröffentlichungen, vor allem die Tischreden, sind wichtige Ratgeber im Leben, vergleichbar mit einem Schrauberhandbuch für Bastler mit Kenntnissen eines Normalsterblichen.

Unbeschreiblich bleiben der Anfang und das Ende. Stotternheim ist der donnernde Auftakt einer sich und damit auch die Welt verändernden Entscheidung. Eisleben ist das Ende eines mutigen Genies. Martin Luther ist einzigartig, gleich einer bewundernswerten Einzelanfertigung, die nur Gott liefern kann. Es ist wie beim Motorrad: Wenn wir auf ein geniales Zweirad schauen und es bewundern, lassen wir den Konstrukteur ja auch nicht außer Acht, sondern sprechen wertschätzend von dieser faszinierenden Ingenieurskunst.

Erfurt als Landeshauptstadt hat ein großes Einzugsgebiet. So ist es nicht verwunderlich, dass der Wohnraum trotz Plattenbauten rar ist. Außerdem beherbergt die Stadt eine Universität, so dass es nicht an jungen Menschen im Stadtbild fehlt. Das war ja schon zu Luthers Zeiten so. Die Stadt erlebt gerade in ihrer über tausendjährigen Geschichte eine Aufbauphase und ist allemal eine Reise wert. Tölpel und ich stehen hier an der letzten Station unser Lutherreise und fragen uns: Wohin jetzt? Irgendwie zieht es uns nordwärts. Richtung Stotternheim.

33. STOTTERNHEIM:

Mut zur Freiheit

Hier steh ich nun und könnte anders, will aber nicht. Dieser Ort ist mir vertraut, obwohl ich ihn das erste Mal erst vor gut zwei Wochen besucht habe. Da die Hitzeperiode in diesem Jahr anhält und inzwischen auch Ferien in Thüringen ausgerufen sind, ist die Zufahrt über die Kieskuhlen kaum mehr möglich. Überall stehen geparkte Autos kreuz und quer, während die hitzegeplagten Besitzer im Baggersee eine Abkühlung suchen. Wir knattern also durch eine Parade von Blechkarosserien und stehen nun wieder unter den Schatten spendenden Bäumen am „Luddersteen". Einzig zwei ältere Veteranen ziehen es vor, statt am Baggersee hier am Lutherstein zu pausieren. Die LKWs fahren inzwischen die Kieskuhle über den Gedenkstein an, um überhaupt noch durchzukommen.

Trotz der Hitze und der Unruhe samt Staub der vorbeifahrenden Lastwagen bleibt für mich diese kleine Kreuzung zweier Schotterwege ein spiritueller Ort. Wie ein Sonderling stehe ich hier im Motorradanzug bei sommerlicher Hitze statt nackig am See zu dösen. Liegt es an meiner frommen Seele oder an meiner lutherischen Prägung? Sind es meine deutschen Gene oder bin ich verrückt? Das würde ja zum Bikerimage passen. Gelten Motorradfahrer schon als verrückt, so sind fromme Biker geradezu eine weitere Steigerung, wobei ich nicht glaube, dass es eine Steigerung von verrückt gibt. Gibt es ein verrückter als verrückt? Mein Leben scheint mir letztendlich genauso unerklärbar wie der Lebenslauf von Martin Luther. Ist es das, was mich so an Luther fasziniert? Der Rest des Unerklärlichen, der im Leben bleibt?

Nachdem ich nun Luthers Spuren gefolgt bin, weiß ich, wie viel Familie, Freunde, politische Genossen, kirchliche Vertraute und vor allem gelebte Menschenrechte Wert sind. Das Leben scheint mehr als die Summe seiner zeitlichen Faktoren und Erfindungen zu sein. Stotternheim ist für mich ein historischer und spiritueller Ort. Hier legte ein junger Mann sein Leben in die Hände Gottes und ging abseits der familiären Pfade einen anderen Weg. Seinen Weg. Damit hat er sich, Deutschland und die Welt verändert. Und mit alledem auch mich. 500 Jahre später. Geblieben sind die Werte des Glaubens, der Kampf um menschliche Rechte und die Sehnsucht nach Freiheit, die ich so gerne auf dem Motorrad er- und auslebe. Martin Luther lehrte mich den Mut zur Freiheit.

Bleibt am Ende die Frage, wohin mein Weg führt? Langfristig wohl eine offene Frage. Kurzfristig könnte ich nach Weimar weiterfahren. Immerhin hat dort der Reformator Station gemacht und in der Stadtkirche am Herderplatz dem Volk gepredigt. Aber Martin Luther ist nicht das Aushängeschild der Stadt Weimar, die Entwicklung in Deutschland ging nach dem großen Werk der Bibelübersetzung Luthers weiter. Geeint in der Sprache und auf einem guten Weg der Vereinigung des deutschen Volkes, rückten nun andere Personen in den Blick. Die Herren Herder, Goethe und Schiller lassen sich in Weimar besuchen. Auch eine Statue von Albert Schweitzer erzählt die lange Geschichte der deutschen Gestalten mit Herz und Sinn für das eigene Volk und für die Menschen in der Welt. Also auf nach Weimar. Tölpel sitzt schon fröhlich im Boot und wartet, bis ich endlich meinen verzagten Hintern bewege und die MZ antrete. Rängtängtäng! Es kommt Wind auf. Freiheit. Endlich Freiheit!

INFORMATION:

Martin Luther

Martin Luther wurde am 10. November 1483 in Eisleben geboren und am 11. November 1483 (Martinstag) getauft. Deswegen
der traditionelle Vorname Martin. Sein Vater kam aus der Landwirtschaft, kaufte aber 1484 eine Bergmine in Mansfeld, wo der
kleine Martin aufwuchs. Nach dem Wunsch seines Vaters studierte er 1501 Jura in Erfurt, brach aber das Studium plötzlich
ab und ging 1505 ins Kloster. Nach der Priesterweihe 1507 wechselte er nach Wittenberg an die frisch gegründete Universität,
studierte Theologie und pilgerte 1510 nach Rom. 1511 zurück in
Deutschland promovierte und habilitierte er in Wittenberg. Seit
1514 war er dort als Professor Doktor Martin Luther tätig. Am
31.10.1517 veröffentlichte er dort seine Thesen zum katholischen Ablasshandel. Dieser Thesenanschlag ging als der Beginn
der Reformation in die Geschichte ein. Martin Luther bekam
daraufhin sowohl mit dem katholischen Papst als auch mit dem
Kaiser größten Ärger und wurde 1521 nach Worms vor den
Reichstag zitiert. Da er dort seine neue Lehre nicht widerrief,
wurde er geächtet und galt fortan als vogelfrei, das heißt rechtlos. Von seinem Schutzherrn, Kurfürst Friedrich dem Weisen,
wurde er deshalb auf dem Rückweg entführt und anonym als
Junker Jörg auf der Wartburg versteckt. Dort übersetzte Doktor
Luther das erste Mal das Neue Testament der Bibel in die deutsche Sprache. Durch Unruhen und Tumulte im Land ging Martin
Luther 1522 wieder zurück ins öffentliche Leben nach Wittenberg. Ab da schwebte er in Lebensgefahr. Er brach völlig mit der
katholischen Kirche und heiratete die ehemalige Nonne Katha-

rina von Bora. Sie hatten zusammen sechs Kinder. Luther schrieb sehr viele Bücher und Briefe, reiste ständig durch die Lande und predigte aller Orten. Am 18. Februar 1546 starb Professor Doktor Martin Luther während einer Reise in seiner Geburtsstadt Eisleben. Entkräftet, aber voller Gottvertrauen. Sein Leichnam wurde in einer mehrtägigen Prozession nach Wittenberg überführt, wo er in der Schlosskirche beigesetzt wurde.

Das Leben ist nicht ein Frommsein,
sondern ein Frommwerden,
nicht ein Gesundsein,
sondern ein Gesundwerden,
überhaupt nicht ein Wesen,
sondern ein Werden,
nicht eine Ruhe,
sondern eine Übung.
Wir sind's noch nicht,
wir werden's aber.
Es ist noch nicht getan und geschehen,
ist aber im Schwang.
Es ist nicht das Ende,
es ist aber der Weg.

INFORMATION:

Hans Eberspächer

Hans Eberspächer wurde am 15. April 1943 in Stuttgart geboren. Sein Vater war selbstständiger Handwerksmeister. Er überlegte, Theologie zu studieren, entschied sich dann aber für seine sportliche Leidenschaft, studierte Pädagogik und wurde Sportlehrer. Später studierte er zusätzlich Psychologie. Er promovierte, habilitierte und war bis 2007 Professor an der Universität Heidelberg. Spezialgebiet war das Selbstmanagement in Leistungssituationen und Mentales Training.

Er gilt als Pionier der angewandten Sportpsychologie. Er betreute Trainer und Athleten auf internationalen Meisterschaften und bei Olympischen Spielen. Als leidenschaftlicher Motorradfahrer und Instruktor half er vielen Sportler auf dem Zweirad, die eigene Ideallinie zu finden, indem er seine Kenntnisse und Erfahrungen eloquent und verständlich weitergab. Die lockere Unterlippe war sein Credo, die Entspannung der Beginn eines Trainings und die Regeneration die Schwester der Leistung.

Seine Vorträge brauchten kein anderes Medium als ihn selbst samt seiner positiven Ausstrahlung – dazu meist ein Stuhl; nicht um zu sitzen, sondern um darauf zu stehen als Anschauungsobjekt für mentale Zusammenhänge. Am 7. Oktober 2014 starb Professor Doktor Hans Eberspächer in Dossenheim in Würde und im Bewusstsein, am Ende seiner Zeit angekommen zu sein. Alles hat seine Zeit.

mental trainieren

in der zeit die ewigkeit
im stau den verkehrsfluss
im alltag die gelassenheit

nicht die zähne zusammenbeißen
nicht augen zu und durch
nicht im luftschloss leben

durchatmen
pause spüren
entspannen

die unterlippe
die unterarme
und den hintern

euch allen eine gute fahrt!

DAS SPENDENPROJEKT DIESES BUCHES:

Bikers Helpline

Bikers Helpline ist ein bundesweiter Notruf für Motorradfreunde. Unter der Telefonnummer 0176 30 191 110 ist rund um
die Uhr ein Team von Seelsorgerinnen und Seelsorgern erreich-
bar, um zu hören, wo der Stiefel drückt. Alle Anrufe werden
vertraulich behandelt; das Gespräch unterliegt dem Seelsorge-
geheimnis. Zum Angebot der Begleitung gehören außerdem
noch die Trauerarbeit, die Laienausbildung und unzählige Got-
tesdienste mit Motorradfreunden in ganz Deutschland.

Bikers Helpline ist ein Verein mit Sitz in Hamburg, der 1998
gegründet wurde. Er ist als „gemeinnützigen Zwecken dienend"
vom Staat anerkannt und Mitglied der Diakonie. Alle Aktiven
arbeiten ehrenamtlich. Die karitative Vereinsarbeit finanziert
sich allein aus Spenden und Kollekten.

Die Geschäftsstelle des Vereins befindet sich in 22525 Hamburg, im Försterweg 14. Telefon: 0176 579 40 673. Auf der In-
ternetseite des Vereins *www.bikershelpline.de* sind aktuelle
Termine und Informationen verfügbar.

DANKSAGUNG:

Dieses Buch über Martin Luther wäre ohne die vielseitige Hilfe und Unterstützung einiger Personen nicht umsetzbar gewesen. Ich danke von ganzem Herzen meiner Frau Sonja, weil sie mir für dieses Reisebuchprojekt Zeit einräumte, die in der Partnerschaft und im Zusammenleben zu Hause fehlt. Dank ihrer liebevollen, toleranten Art kann ich auch noch meine Leidenschaft des Motorradfahrens ausleben. Du bist wunderbar! (Bei Tölpel habe ich mich schon mit besonderen Leckerlis für ihre treue Begleitung auf der Reise bedankt.)

Ich danke Herrn Professor Doktor Hans-Martin Barth, Herrn Professor Doktor Wilfried Härle, Herrn Friedrich Schorlemmer und Pastor Timo Somogyi-Erdödy herzlich für die theologischen Hinweise. Pfarrehepaar Scheibe-Winterberg in Schleiz schenkten mir neben der spontanen Obhut im Pastorat auch wichtige Schrauber-Tipps für meine MZ. Toll! Pfarrer Matthias Zierold und Herrn Dieter Merker danke ich für die örtliche Begleitung und die geduldige Einführung in die Sprache Thüringens. Ich als Nordlicht war stets bemüht. Frau Jeanine Eberspächer-Morgenstern unterstützte mich sehr im Verständnis des Mentalen Trainings.

Dem Highlights-Verlag danke ich besonders für die Bereitschaft und den Mut, ein theologisch geprägtes Buch ins Biker-Sortiment aufzunehmen samt einer professionellen wie hingebungsvollen Begleitung über den langen Zeitraum einer Buchwerdung.

Der „Akademie Bruderhilfe Pax Familienfürsorge" in Kassel danke für die finanzielle Unterstützung dieses Werkes. So wird es – wie das Buch Jakobsweg – ein Spendenbuch zur Unterstützung der Arbeit des Vereins Bikers Helpline. Allen lieben Menschen, die mich an so vielen Stellen im Prozess dieses Projektes positiv und hilfreich unterstützten, aber nicht erwähnt sind, verzeihen mir bitte. Ich kann keine vollständige Liste liefern. Ich weiß aber, die mir oft ganz nebenbei geschenkte Hilfe sehr zu schätzen!

NACHWORT:

Im Jahr 2017 findet das große Reformations-Jubiläum statt: 500 Jahre Thesenanschlag in Wittenberg. 1517 warf der junge Luther einen kleinen Stein ins Wasser der Weltgeschichte, der bis heute seine Kreise zieht. Die kleine Luther-Stadt Wittenberg wird zum bescheidenen evangelischen Rom und aus allen Himmelsrichtungen kommen Gäste und Touristen. Wie schön wäre es, wenn auch der heutige Papst Franziskus käme, wo er doch so engagiert protestantisch für die sozialen Belange der armen Bevölkerung in der Welt eintritt. Über diesen Papst würde sich Martin Luther freuen.

Auch alle anderen Luther-Städte werfen sich in Schale, um dem internationalen Besuch gerecht zu werden. Es herrscht Auf- und Umbruchstimmung aller Orten. Überall bereitet man sich auf ein großes Fest des Glaubens vor. Selbst der Evangelische Kirchentag 2017 in Berlin kommt nach Wittenberg, um dort an der Quelle des reformatorischen Denkens seinen Abschluss zu feiern. Eigentlich das erste Mal, denn alle anderen Reformationsjubiläen in der Geschichte wurden durch die jeweiligen Zeitereignisse teils behindert teils sogar verhindert.

1917 versank Deutschland und die Welt im Krieg. Das Deutsche Kaiserreich feiert statt eines Reformationsjubiläums den „uneingeschränkten U-Boot-Krieg" und Russland seine „Oktoberrevolution", die nach unserer (gregorianischen) Zeitrechnung im November stattfand. Ein Heidendurcheinander. 1817 feierte eine kleine Schar von Studenten und Professoren auf der Wartburg in Eisenach die (deutsche) Freiheit. Hintergrund war der vierte Jahrestag der Befreiungskriege mit dem Sieg über Napoleon. Dort wehte das erste Mal eine Schwarz-Rot-Gold-Fahne.

Es ging dabei nicht theologisch um die Reformation, sondern politisch um die Nation. König Friedrich Wilhelm hatte gerade erst die lutherischen und reformierten Gemeinden wider Willen zur „unierten Kirche" zusammengeschlossen. 1717 gründete Peter der Große den russischen Staat, Spanien versank im Erbfolgekrieg und England besetzte Gibraltar. Preußen bekam durch den König eine zentrale Verwaltung und ein „unbestechliches Beamtentum" verordnet. Die Schulpflicht wurde eingeführt – angestoßen von Martin Luther im Jahr 1524. Alles braucht seine Zeit. 1617 herrschte angespannte Ruhe vor dem Sturm. Deutschland war Schauplatz eines Kräftemessens der europäischen Mächte und geriet unmittelbar in den brutalen Dreißigjährigen Krieg. Zum Feiern war da keinem zu Mute.

Umso schöner, wenn endlich – 500 Jahre danach – die Zeit zum Feiern möglich ist. Eine historische Chance. Wir feiern die individuelle Freiheit des Menschen, für die Martin Luther sich so protestantisch einsetzte, dass sie auch endlich gesellschaftlich ihre Würdigung in Deutschland, Europa und der Welt fand. Wir feiern, damit die Kirchen und die Völker die Freiheit fröhlich besingen, für sie beten und danken. Unsere Freiheit ist nämlich nicht selbstverständlich. Sie ist kein Naturereignis, sondern eine soziale Aufgabe. Freiheit ist eine kulturelle Leistung, ein Reisevisum in das freie Leben. Protestieren wir also. Für die Freiheit im Glauben und im Leben.

„Ein Christenmensch ist ein freier Herr über alle Dinge
und niemand untertan.
Ein Christenmensch ist ein dienstbarer Knecht aller Dinge
und jedermann untertan."

Martin Luther, Von der Freiheit eines Christenmenschen, 1520

DER AUTOR:

Holger Janke ist Gemeindepastor in Hamburg-Langenfelde und begleitet seit 1998 als Seelsorger das Projekt Bikers Helpline. Er ist ausgebildeter Trauerbegleiter (ITA) und bietet regelmäßig Pilgerreisen an. Er engagiert sich im Bereich Tierethik und lebt seit über 30 Jahren vegetarisch. Seit seinem 16. Lebensjahr fährt er motorisierte Zweiräder und besitzt seit 15 Jahren wieder ein Dreirad. Das MZ-Gespann im Buch ist sein geliebter Oldtimer. Auf der Nordschleife bevorzugt er allerdings sein BMW S1000 RR-Müller-Gespann und jagt nicht nur den Wind, sondern auch manchen verdutzten Zweiradfreund. Hund Tölpel ist diese Raserei zu blöd. Sie wartet lieber geduldig im Parc fermé, wo es von Motorradfreunden neben Streicheleinheiten auch kleine Leckerlis gibt. Je nach Bauart fährt der Autor zur persönlichen Entspannung seine Einspurfahrzeuge gerne artgerecht onroad oder offroad. Seine Erfahrungen mit zwei oder drei Rädern gibt Holger auch als Instruktor an andere weiter.

Jakobsweg
Holger Janke
Ein Pilger im Motorradsattel

Print-ISBN: 978-3-933385-56-7
eBook-ISBN: 978-3-945784-06-8

auch als eBook

Mit der Enduro auf dem berühmtem Pilgerweg

Ist das Leben Stillstand oder Veränderung? Veränderung, sagt Holger Janke. Er nimmt sich fünf Wochen Auszeit, fährt mit seinen Enduro auf dem historischen Jakobsweg von Hamburg über die Schweiz nach Santiago de Compostella und danach auf einer weiteren Zubringerroute über Frankreich zurück nach Hause.

Auf dieser 7.000 Kilometer langen Reise erlebt er die ganze Bandbreite des Motorradfahrens und des Pilgerns. In den Alpen durchnässt ihn der April-Regen, in den Pyrenäen verirrt er sich im Schnee, und die schmalen Wanderpfade vor Santiago de Compostella lehren ihn, dass der Jakobsweg seine ganz eigenen Gesetze hat, und dass der Motorradpilger trotz grobstolliger Enduroreifen manchmal nicht mehr weiterkommt. Auf einsamen Wegen durchstreift Holger Janke herrliche Gebirgsregionen, übernachtet in heimeligen Rifugios, lernt tolle Menschen und vor allem sich selbst kennen.

Motorrad-Abenteuer
im Highlights-Verlag

Atempause
Joachim von Loeben
Von Köln nach Kapstadt

Print-ISBN: 978-3-933385-36-9
eBook-ISBN: 978-3-945784-07-5

Ein Traum wird wahr – Ein Jahr Auszeit vom Alltag

Im Sattel seiner Africa Twin durchquert Joachim von Loeben den afrikanischen Kontinent von Nord nach Süd, von Köln nach Kapstadt. Fast immer auf sich alleine gestellt, lernt er Afrika fernab aller Klischees und Postkartenromantik kennen. Er durchquert glühende Wüsten, eiskalte Gebirge und feuchte Regenwälder. Er trifft Menschen unterschiedlichster Hautfarbe und Abstammung, deren Gastfreundschaft und Herzlichkeit seine bisherigen Wertmaßstäbe in Frage stellen.

Als Joachim von Loeben ein Jahr und 50.000 Kilometer später nach Deutschland zurückkehrt, ist er ein anderer Mensch. So sehr haben ihn die zurückliegenden Erlebnisse und Erfahrungen geprägt. Eine Rückkehr in den alten Beruf, zu den früheren Freunden ist schwierig geworden. Sein Leben wird deshalb wohl einen anderen Lauf nehmen. Wohin auch immer es ihn führen wird – er freut sich schon darauf.

Zauber des Orients

Andreas Hülsmann

Entlang der Seidenstraße

Print-ISBN: 978-3-933385-40-6

Auf historischen Karawanenrouten zu den
sagenumwobenen Städten entlang der Seidenstraße

Einst zogen die Karawanen über die Seidenstraße, über Gebirge und durch Wüsten und trugen die Schätze Chinas nach
Europa. Den Städten entlang der großen Handelsrouten
brachten sie legendären Reichtum und machten Buchara,
Samarkant oder Chiva zu einigen der faszinierendsten Orten
der Welt. Andreas Hülsmann und seine Frau Claudia waren
drei Monate lang auf den Spuren von Marco Polo & Co. unterwegs. Ihre 17.000 Kilometer lange Reise führte sie durch
die Türkei nach Georgien, von wo es durch Aserbaidschan
nach Baku ans Kaspische Meer ging. Bei glühender Hitze
durchquerten sie Turkmenistan, Usbekistan, Tadschikistan,
Kirgisien und Kasachstan und erklommen die höchsten Gipfel
des Pamir Gebirges. Russlands eisige Temperaturen zwangen
sie bis Moskau in einen Wagon der Transsibirischen Eisenbahn,
danach fuhren sie im Motorradsattel nach Deutschland zurück.

Traumjob Motorradfahren

Sylva Harasim

Print-ISBN: 978-3-933385-69-7
eBook-ISBN: 978-3-945784-05-1

Sylva Harasim und Martin Schempp
plaudern aus dem Nähkästchen

Motorrad-Himmel oder Motorrad-Hölle? Wer schon immer
davon geträumt hat, im Motorradsattel sein Geld zu verdienen,
erfährt in dem Taschenbuch »Traumjob Motorradfahren« aus
erster Hand, wie es hinter den Kulissen der Motorrad-Branche
aussieht. Sylva Harasim hat ihr Hobby zum Beruf gemacht:
Zuerst als angestellte Fotografin und Grafikerin bei den Zeit-
schriften Enduro und Tourenfahrer, dann als selbständige
Verlegerin im Highlights-Verlag. Nicht alles lief auf diesem
Weg glatt, und oft wurde aus dem Motorrad-Himmel die
Motorrad-Hölle. In diesem Buch gibt Sylva Harasim Einblicke
in die Welt des Motorrad-Journalismus und des Redaktions-
alltags, erzählt Geschichten aus einem ungewöhnlichen Leben
rund ums Motorrad.
Mal witzig, mal spektakulär. Voller Hindernisse, Komplika-
tionen, Hürden und Fallen. Teilweise unglaublich – aber
immer wahr.

Motorrad-Abenteuer
im Highlights-Verlag

Doppelpack
Von New York nach Feuerland
ISBN: 978-3-933385-33-8

Ein Jahr, mein Motorrad und ich
Leidenschaft Motorradfahren
ISBN: 978-3-933385-31-4

Hautnah
USA, Kanada und Mexiko
ISBN: 978-3-933385-46-8

Himalaya & Co.
Über die höchsten Pässe der Welt
ISBN: 978-3-933385-38-3